쉬운 단어로 시작하는 히브리어

〈어근으로 보는 히브리어〉

이 학 재

도서출판 로고스

서문

이 책은 그간 한국에 원문연구를 주도하고 제공한 로고스 출판사와의 대화에서 시작되었다. 원문을 누구나 쉽게 접하고 읽고 하고 싶지만, 그렇게 원문은 만만하지 않기 때문이다. 개인적으로 1987년 고려 신학대학원에서 히브리어를 배운지 30년이 지났다. 그리고 바른 성경번역팀으로 번역도 하고(14년), 이제 개인적인 구약 번역도 반을 마쳤다(시가서, 선지서). 매일 한 장씩 원전을 보고 번역 묵상하면서, 느끼는 것은 원문에 대한 중요성은 아무리 강조해도 지나치지 않다는 사실이다. 언어에 대한 병렬이나, 대역정도가 아니라, 각 언어적인 표현 방법과 뉘앙스를 느끼려면 원전연구에 들어가야 할 것이다. '오직 성경'(Sola Scriptura!)이라고 할 때 원전에 대한 강조를 무시할 수 없기 때문이다.

이 책은 히브리어를 너무 어렵게 공부하는 분들을 위해서 어근을 통해서 쉽게 우리가 알고 있는 지식들과 연결시켜 주고 또한 소개한 단어를 익히다 보면 자연스럽게 문법, 그리고 문장을 이해하도록 하는데 목적을 가진다. 또한 히브리어는 한자와 마찬가지로 기본 획이 발전되어진 것과 마찬가지로 어근이라는 것이 있어서 그 개념에서 발전하고, 다양하게 사용되는 경우가 많다. 그래서 어근을 익히면 적어도 2-3에서 10개, 20개정도의 단어들이 줄줄이 고구마처럼 연결되기 때문이다.

한국에는 이미 로고스를 통해서 스트롱 코드를 통한 원문 연구, 그리고 또한 스트롱 코드 성경과 대조 성경등이 출판되었다. BHS만 보고 정식적으로 공부하는 방법도 있겠지만, 스토롱 코드를 통해서 단어들을 잘 외우가면 의외로 히브리어가 쉽다는 것은 느끼게 된다. 물론 과제는 남아 있다. 번역된 단어들이 번역본에 영향을 받아서 뜻이 번역본의 한정을 가지고 있는 것이 아직 아쉬움이지만, 구약의 개인적 번역이 다 번역되면, 한글, 히브리어 사전을 통해서 한글의 분명한 히브리어 개념을 정리하게 될 것이다. 아쉽게도 한글 역본은 히브리어 개념이 일관성 있게 번역되지 못한 부분이 많기 때문이다.

이 책은 이러한 히브리어 사전으로 가는 단계에서 맛보기 같은 책으로 기획되었다. 내용에서 보면 단어를 소개하고, 단어의 의미, 어근과의 연결된 단어들, 그리고 그 단어를 통한 성경의 바른 의미, 그리고 단어를 통한 story를 통하여 원문에 나아가는 형식을 취하였다.

이같이 어근을 통해서 쉽게 히브리어를 접하고 가까이 하여 구약 말씀의 원전인 히브리어를 누구나 접하고 성경을 더 정확하고, 바르게 이해하는데 도움을 주는 가이드 라인을 주는 책으로 시도된 책이라고 하겠다. 중국어와 최근 한문을 공부하면서 어근을 통해서 공부하는 법등 다양한 접근법이 이 책을 기획하게 하여준 아이디어이었다. 비록 시작 단계이지만 구약 성경 히브리어의 단어들을 이제 점차적으로 레벨에 따라서 더욱 많이 이해하고 구약 원전을 자연스럽게 접하고 소개하는 책이 지속적으로 출간되기를 소원해 본다. 다시 한번 이러한 필요성을 직시하고 도움을 주신 로고스출판사 김용환 사장님과 늘 원문에 대한 사명감을 가지고 계신 박성근 실장님, 박성수 차장님, 김성수 과장님, 이향미 대리님 모든 직원들에게 감사를 드린다.

2017. 5. 18.

이학재 교수 (대한신학대학원 대학교 구약학 교수)

410	발음: 엘 빈도수: 4203회
אֵל	신, 신과 같은 사람, 능력있는 자 강한 특성을 가진자 힘, 능력

의미 / 뜻

어근 중에 가장 기본적인 것 중 하나가 바로 '하나님'이라는 '엘'이다. '엘'(אֵל)은 '하나님', '신'이라는 뜻이며, 또한 '엘로힘'(אֱלֹהִים)(창 1:1)으로도 사용된다. 연계형으로는 주로 '엘로헤'(God of)라는 뜻으로 사용되기도 한다. 정관사가 붙기도 한다(신 7:9).

Tip & 합성어

'엘'이라는 이름이 나오면 거의 '하나님'이라는 뜻의 합성어임을 참고하자. 접미어가 추가된 '-리'는 (나의)라는 의미이다. 그래서 '엘리'는 '나의 하나님'이라는 뜻이다. 이름들에도 이 어근은 많이 들어 있다. 관련된 스트롱 코드 번호와 단어를 참고해 보자.

1) 446 אֱלִיאָב 엘리 압(아브) = 내 하나님은 아버지이시다 / 아버지의 하나님. (410과 1에서 유래)
2) 447 אֱלִיאֵל 엘리 엘 = 내 하나님은 하나님이시다. (410의 중복형)
3) 450 אֶלְיָדָע 엘 야다 = 하나님은 아신다 / 아시는 하나님. (410과 3045에서 유래)
4) 452 אֵלִיָּה 엘리 야 = 하나님은 여호와이시다(410과 3050에서 유래)
5) 453 אֱלִיהוּ 엘리 후 = 내 하나님은 그분이시다 / 그분은 하나님이시다. (410과 193에서 유래)

6) 458 אֱלִימֶלֶךְ 엘리 멜렉 = 내 하나님은 왕이시다 / 왕이신 하나님. (410과 4428에서 유래)

7) 460 אֶלְיָסָף 엘 야샤프 = 하나님이 더하신다 / 더하시는 하나님.(410과 3254에서 유래)

8) 461 אֱלִיעֶזֶר 엘리 에제르(엘리에셀) = 내 하나님은 도움이시다 / 도우시는 하나님. (410과 5828에서 유래)

9) 471 אֶלְיָקִים 엘 야킴(엘리야김) = 하나님이 세우실 것이다 / 세우시는 하나님. (410과 6965에서 유래)

10) 476 אֱלִישָׁמָע 엘리 샤마 = 내 하나님이 들으실 것이다 / 들으시는 하나님. (410과 8085에서 유래)

11) 477 אֱלִישָׁע 엘리 샤(엘리사) = 내 하나님이 구원이시다 / 구원하시는 하나님. (474의 압축형)

12) 478 אֱלִישָׁפָט 엘리 샤파트 (엘리사밧) = 내 하나님이 심판하실 것이다 / 심판하시는 하나님. (410과 8199에서 유래)

원문바로보기

신 32:4- '진리(신실하심)의 하나님' 은 어디에?

הַצּוּר תָּמִים פָּעֳלוֹ כִּי כָל־דְּרָכָיו מִשְׁפָּט
אֵל אֱמוּנָה וְאֵין עָוֶל צַדִּיק וְיָשָׁר הוּא׃

'그는 반석이시니 그가 하신 일이 완전하고 그의 모든 길이 정의롭고 **진실하고** 거짓이 없으신 **하나님이시니** 공의로우시고 바르시도다' (개정)

– '(그는) 반석이시고 그분이 하시는 일은 완전하시니 이는 그분의 모든 길은 공의로우시기 때문이다. **진리의 하나님이시며**(엘 에무나 – אֵל אֱמוּנָה), 또 사악함이 없으시고, 그분은 의롭고 올바르시다.' (이학재 역).

성경의 용례

성경에서 '엘', '엘로힘', '엘로헤'(God of) 하나님은 '지극히 높으신 하나님'(엘 엘욘 - אֵל עֶלְיוֹן)(창 14:19)이시며, 또한 '나를 살피시는(=보시는) 하나님'(엘로이 - אֵל רֳאִי)(창 16:13)이시다. 또 '전능한 하나님'(엘 샤다이 - אֵל שַׁדַּי)(창 17:1)이시며, 또 '영원하신 하나님'(엘 올람- אֵל עוֹלָם)(창 21:33) 이시다.

하나님은 '(그) 신실하신 하나님'(하 엘 한네에만 - הָאֵל הַנֶּאֱמָן)(신 7:9)이시며, '질투하시는 하나님'(엘 칸나 - אֵל קַנָּא)(출 20:5)이시다. 하나님은 '진리의 하나님'(엘 에무나 - אֵל אֱמוּנָה)이시며, 하나님은 '(그) 크신 하나님'(하엘 학가돌 - הָאֵל הַגָּדֹל)(신 10:17)이시다. 그분은 '살아계신 하나님'(엘 하이 - אֵל חַי)이시고(수 3:10), '내 생명의 하나님'(엘 하야이 - אֵל חַיָּי)(시 42:8)이시다. '우리와 함께(임마누) 계신 하나님(엘)'으로 '임마누 엘'(עִמָּנוּ אֵל)이시다(사 7:14).

또한 성경에서는 '하나님'을 '엘로힘'(אֱלֹהִים)이라는 단어로 사용하였다. 이 하나님은 창조주 하나님으로 묘사되어 있다(창 1:1). 하나님은 '거룩하신 하나님'(엘로힘 케도심 - אֱלֹהִים קְדֹשִׁים)(수 24:19)이시며, '도움이신 하나님'(엘로힘 오제르 - אֱלֹהִים עֹזֵר)(시 54:4)이시다. 그분은 '만군의 하나님'(엘로힘 체바오트 - אֱלֹהִים צְבָאוֹת)(시 80:7)이시며, '심판자 하나님'(엘로힘 쇼퍼팀 - אֱלֹהִים שֹׁפְטִים)(시 58:11)이시다.

또 다른 표현들은 연계형 '엘로헤'(God of)라는 표현과 사용된 단어들이다. '아브라함의 하나님'(엘로헤 아브라함 - אֱלֹהֵי אַבְרָהָם)(창 31:42)으로 성경에 나타난 인물들과 백성들의 하나님이시며, '내 구원의 하나님'(엘로헤 이쉬이 - אֱלוֹהֵי יִשְׁעִי)(시 18:46)이시다. 또한 '내 의의 하나님'(엘로헤 치더키 - אֱלֹהֵי צִדְקִי)(시 4:1), '내 찬송의 하나님'(엘로헤 테힐라티 - אֱלֹהֵי תְהִלָּתִי)(시 109:1)이시다. 하나님은 '영원하신(eternal) 하나님'(엘로헤 케뎀 - קֶדֶם אֱלֹהֵי)(혹은 '옛적의')(신 33:27)이시며, '영원하신(everlasting) 하나님'(엘로헤 올람 - אֱלֹהֵי עוֹלָם)(사 40:28)이시다.

3068 יְהוָה	발음: **예호와/야웨/아도나이/야베**(יְהוָה) 빈도수: 5265회 자존자, 영원한 자, 유대민족의 하나님의 명칭 '여호와'

의미 / 뜻

이 단어의 어근은 주로 '야', '예호'등이 '여호와'라는 어근이다. 이 단어를 읽는 것은 쉽지 않다. 주로 '여호와'라고 읽었는데, '야웨', '아도나이', '야베'로 읽을 수 있다. '여호와'라는 개념으로 줄여서 '예호' 혹은 '야웨'(יְהוָה)(창 2:4)라고 한다. 이 단어를 주로 읽을 때는 '테트라 그렘마톤'(YHWH)(4개의 글자)(요드 헤 바브 헤)(으로 현대에서는 '야웨'로 읽기도 하지만, '아도나이'(אֲדֹנָי)(주님, 주인)이라고 발음하기도 하고 '하쉠'(그 이름)이라고 부르기도 한다. 이유는 마치 한국 문화에서 자신의 아버지의 이름을 부르지 않고, 아버지의 이름이 '갑수'인 경우, '갑수'(갑자 수자)라고 말하는 것과 같다. '아도나이'의 모음과 '요드 헤 바브 헤'를 합하여 '여호와'라는 발음이 나온다. 많은 사람이 이 발음이 틀렸다고 하여, '주님'이라고 음역한다. 그래서 '여호와'라는 발음이 대해서는 많은 견해가 있다.

Tip & 합성어

1) 3070 יְהוָה יִרְאֶה 야웨 이레(예호바 이르에) = 여호와 그분이 보실 것이다. (3068과 7200에서 유래)

2) 3071 יְהוָה נִסִּי 여호와 닛시 = 여호와는 내 깃발이시다. (3068과 접미대명사를 가진 5251에서 유래)

3) 3072 יְהוָה צִדְקֵנוּ 여호와 치드케누 = 여호와는 우리의 의이시다.

(3068과 접미대명사를 가진 4에서 유래)

4) 3073 יְהוָה שָׁלוֹם 여호와 샬롬 = 여호와는 평강이시다.

(3068과 7965에서 유래)

5) 3074 יְהוָה שָׁמָּה 여호와 샴마 = 여호와는 거기에 계신다.

(3068과 방향지시접미사를 가진 8033에서 유래)

6) 3075 יְהוֹזָבָד 여호 자바드 = 여호와께서 주신다.

(3068과 2063에서 유래)

7) 3076 יְהוֹחָנָן 예호 하난(여호하난) = 여호와께서 불쌍히 여기신다.

(3068과 2603에서 유래)

8) 3077 יְהוֹיָדָע 예호 야다(여호야다) = 여호와께서 아신다.

(3068과 3045에서 유래)

9) 3078 יְהוֹיָכִין 예호 야킨(여호야긴) = 여호와께서 세우신다.

(3068과 3559에서 유래)

10) 3079 יְהוֹיָקִים 예호 야킴(여호야킴) = 여호와께서 일으키신다.

(3068과 6965에서 유래)

11) 3080 יְהוֹיָרִיב 예호 야립(여호야립) = 여호와께서 싸우신다.

(3068과 7378에서 유래)

12) 3082 יְהוֹנָדָב 예호 나다브(여호나답) = 여호와께서 자원해 주신다.

(3068과 5068에서 유래)

13) 3083 יְהוֹנָתָן 예호 나탄(요나단) = 여호와께서 주신다.

(3068과 5414에서 유래)

14) 3087 יְהוֹצָדָק 예호 차다크(여호사닥) = 여호와는 정의이시다.

(3068과 6663에서 유래)

15) 3088 יְהוֹרָם 예호 람(여호람) = 여호와께서 높이신다.

(3068과 7311에서 유래)

16) 3089 יְהוֹשֶׁבַע 예호 셰바(여호세바) = 여호와의 맹세.

(3068과 7650에서 유래)

17) 3091 יְהוֹשׁוּעַ 예호 수아(여호수아) = 여호와는 구원이시다.

(3068과 3467에서 유래)

18) 3092 יְהוֹשָׁפָט 예호 샤파트(여호사밧) = 여호와께서 심판하신다. (3068과 8199에서 유래)

원문바로보기

겔 48:35 '삼마' 혹은 '샴마'

'여호와 샴마'(יְהוָה שָׁמָּה)를 개정은 '여호와 삼마'라고 발음하지만, 발음상, '샴마'가 더 적절하다. '여호와는 거기에'(계신다)는 뜻이다. 개정에서는 '여호와 삼마'(개정)라고 발음하지만, 오른쪽 '쉰'이므로 '샴마'라고 발음해야 한다.

성경의 용례

'나의 힘이신 여호와'(아도나이 히저키 - יְהוָה חִזְקִי)(시 18:1). 그리고 2절에도 '내 반석, 내 산성, 내 피난처, 내 하나님, 내 바위'(אֵלִי צוּרִי יְהוָה סַלְעִי וּמְצוּדָתִי וּמְפַלְטִי)라고 해석하고 있다. '왕이신 여호와'(함멜렉 아도나이 - הַמֶּלֶךְ יְהוָה)(시 98:6)이시며, '내 생명의 피난처 여호와'(아도나이 마오즈 하야이 - יְהוָה מָעוֹז־חַיַּי)(시 27:1)이시다. 또 '지극히 높으신 하나님'(야도나이 엘욘 - יְהוָה עֶלְיוֹן)(시 7:17)이시며, '주님 여호와'(아도나이 야웨/ - אֲדֹנָי יֱהוִה)(창 15:2)이시다.

'여호와는 깃발'(야웨 닛시 - יְהוָה נִסִּי)(출 17:15)이시며, '여호와는 평강'(야웨 샬롬 - יְהוָה שָׁלוֹם)(삿 6:24)이시다. 또한 '여호와는 치시는 분'(야웨 맛케 - יְהוָה מַכֶּה)(겔 7:9)이시며, '여호와는 용사'(야웨 기보르 - יְהוָה גִּבּוֹר)(시 24:8)이시고, 또 '여호와는 내 목자'(야웨 로이 - רֹעִי

יְהוָה)(시 23:1)이시다.

'여호와 이레'(아도나이 이르에 - יְהוָה יִרְאֶה)(창 22:14)(여호와 그분이 보실 것이다, 혹은 준비하실 것이다)라는 의미이다. 또한 '용사이신 하나님'(출 15:3)이시며, '치료자이신 하나님'(출 15:26)이시고, '승리자이신 하나님'(아도나이 닛시)(출 17:15)이시다. 또한 '거룩하게 하시는 하나님'(출 31:13)이시며, '여호와 창조자'(야웨 보레 - יְהוָה בּוֹרֵא)(사 40:28)이시다. 여호와는 '사사이신(심판자/재판관/판단자) 여호와')(야웨 핫쇼페트 - יְהוָה הַשֹּׁפֵט)(삿 11:27)라고 정확하게 고백하고 있다.

흥미로운 것은 이 단어를 읽는 것인데, 그러나 실제로 '요드 헤 바브 헤'를 '엘로힘'으로 읽는데, 그러면 실제로 단어가 겹치면 어떻게 읽어야 하는가?

'아도나이 엘로힘'(אֲדֹנָי יֱהוִה)(창 15:2)의 경우이다. 그러면 2:4에서 '아도나이 엘로힘'이 나오는 경우는 어떤가? 그때는 그대로 읽는다(יְהוָה אֱלֹהִים 아도나이 엘로힘). 이같이 하나님의 이름은 출애굽기 6:2과 3:14에 나타난다. '우리와 함께 하시고' '구원자'이신 하나님이시다. '여호와는 방패이시다'(야웨 마겐 - יְהוָה מָגֵן)(신 33:29)라는 의미 같다.

410	발음: **아브** 빈도수: 1057회
אָב	아버지, 우두머리, 조상, 족장, 조부, 선조, 통치자

의미 / 뜻

'아버지'라는 뜻으로 '아브'라고 한다. 축약 형태로는 '압'이라고 쓰기도 한다. 참고로 어머니는 '엠'이다. 그리고 '-이' 발음은 히브리어로 명사인 경우 '나의' 라는 뜻이다. 즉 '아비'(스토롱 21)는 히브리어로 '내 아버지'라는 뜻이 되며, 또한 연계형으로 해석도 가능하다.

Tip & 합성어

1) 22 אֲבִיאֵל 아비 엘 - 내 아버지는 하나님/하나님은 아버지이시다. (1과 410에서 유래)
2) 23 אֲבִיאָסָף 아비 아사프 - 내 아버지가 더하신다/모으는 아버지. (1과 622에서 유래)
3) 25 אֲבִי גִבְעוֹן 아비 기브온 - 기브온의 아버지.(1과 1391에서 유래)
4) 26 אֲבִי גַיִל 아비 가일 - 기쁨의 아버지. (1과 1524에서 유래)
5) 29 אֲבִיָּה 아비 야 - 내 아버지는 하나님. (1과 3050에서 유래)
6) 30 אֲבִיהוּא 아비 후 - 내 아버지는 그분이시다/그분은 내 아버지. (1과 1931에서 유래)
7) 32 אֲבִיהַיִל 아비 하일 -능력의 아버지. (1과 2428에서 유래)
8) 38 אֲבִיָּם 아비 얌 - 바다의 아버지. (1과 3220에서 유래)
9) 40 אֲבִימֶלֶךְ 아비 멜렉 - 내 아버지는 왕이시다/왕의 아버지.

(1과 4428에서 유래)

10) 41 אֲבִינָדָב 아비 나답 – 자원의 아버지. (1과 5068에서 유래)

11) 42 אֲבִינֹעַם 아비 노암 – 즐거움의 아버지. (1과 5278에서 유래)

12) 43 אֶבְיָסָף 아브 야샤프(에비 아삽) – 아버지가 더하신다.
(23의 압축형)

13) 44 אֲבִיעֶזֶר 아비 에제르 – 내 아버지는 도움/도움의 아버지.
(1과 5829에서 유래)

14) 48 אֲבִירָם 아비 람 – 내 아버지는 높으시다/높으신 아버지.
(1과 7311에서 유래)

15) 49 אֲבִישַׁג 아비 샥 – 실수의 아버지. (1과 7686에서 유래)

16) 53 אֲבִישָׁלוֹם 아브 샬롬(압샬롬) – 평강의 아버지.
(1과 7965에서 유래)

17) 54 אֶבְיָתָר 아브 야타르(아비아달) – 여분(풍요)의 아버지.
(1과 3498에서 유래)

원문바로보기

창 17:5

וְלֹא־יִקָּרֵא עוֹד אֶת־שִׁמְךָ אַבְרָם
וְהָיָה שִׁמְךָ אַבְרָהָם כִּי אַב־הֲמוֹן גּוֹיִם נְתַתִּיךָ׃

이제 후로는 네 이름을 아브람이라 하지 아니하고 아브라함이라 하리니 이는 내가 너를 여러 '민족의 아버지'가 되게 함이니라. (개정)

또 더 이상 네 이름을 아브람(אַבְרָם)이라 불리지 않을 것이며, 또 네 이름이 아브라함(אַבְרָהָם)이 될 것이니 이는 네가 너를 민족들에게 '많은 무리들의 아버지(אַב־הֲמוֹן)'가 되게 하였음이라. (이학재 역)

즉 '아브'(אַב)는 '아버지'이나, '하몬'을 '무리들'(multitude)이라고 해석하는 것이 적절하다. '아브라함'의 뜻의 해석은 다양하나, 제시된 해석으로 추정하는 것이 적절할 것이다.

성경의 용례

'아버지'는 '아브'(אַב)라고 하고, '어머니'는 '엠'(אֵם)이다. 한글과도 차이가 없는 '아브', '아버지'라는 뜻이고, '애미'와 같은 '엠'이 어머니이니 외우기 쉽다.

또 히브리어로 아들은 '벤'(בֵּן)이고, 딸은 '바트'(בַּת)이다. 단어 공부 시간에 쉽게 외우게 하기 위해서 아들은 '밴'(가진), 혹은 딸을'봤느냐?'로 아들 '벤', 딸 '봤다'(바트)라고 쉽게 외우기도 한다. (아들을 배었느냐?(벤) 딸을 봤느냐?(바트).

또한 형제는 '아흐'(אָח), 자매는 '아호트'(אָחוֹת)라고 한다. 이것은 남성형에서 여성형으로 바꾸는 어미형과도 같다.

5921 עַל	발음: 알 빈도수: 5772회 전치사, 자주 나오고 뜻도 다양하게 쓰인다. 위에, 넘어, 바로 위에, 대신에, 그럼에도 불구하고

의미 / 뜻

'알'(עַל)이라는 뜻은 전치사로 '-에'(on), '위에'(above), '대항하여'(against), '위하여, 에게'(to), '에 대하여, 인하여'(on account of)라는 다양한 뜻을 가지고 있다. 따라서 본문의 상황에 따라서 해석해야 하는 단어이다.

Tip & 합성어; 관련어

전치사의 대표적인 것 중에 하나이다. 이 단어와 함께 하는 많은 전치사들이 있다. 히브리어를 이해하기 위해서는 문법에서도 나오지만, 전치사를 이해하는 것은 필수적이다.

1) 5921 עַל 알 - '위에' '대하여' '위하여
2) 8478 תַּחַת 타하트 - '아래에' '대신에'라는 뜻이다.
3) 3942 לִפְנֵי 리퍼네/리퍼나이 - '앞에서'
4) 310 אַחַר 아하르/아하레 - '뒤에'
5) 4480 מִן 민 - '에서부터'
6) 5704 עַד 아드 - '-까지'
7) 5973 עִם 임 - '-함께'
8) 997 בֵּין 벤 - ' -사이에'

9) 413 엘 (אֶל) - '-에게' (모음 쎄골-점세개; אֵל 두 개는 하나님)
10) 681 אֵצֶל 에첼 - '옆에'

원문바로보기

왕하 23:29

בְּיָמָיו עָלָה פַרְעֹה נְכֹה מֶלֶךְ־מִצְרַיִם עַל־מֶלֶךְ אַשּׁוּר
עַל־נְהַר־פְּרָת וַיֵּלֶךְ הַמֶּלֶךְ יֹאשִׁיָּהוּ לִקְרָאתוֹ
וַיְמִיתֵהוּ בִּמְגִדּוֹ כִּרְאֹתוֹ אֹתוֹ׃

요시야 당시에 애굽의 왕 바로 느고가 앗수르 왕을 **치고자 하여** 유브라데 강으로 올라가므로 요시야 왕이 맞서 나갔더니 애굽 왕이 요시야를 므깃도에서 만났을 때에 죽인지라(왕하 23:29). (개정)

그의 시대(요시야)에 이집트 왕 바로 느고가 앗수르 왕을 **위하여** 유브라데 강으로 올라가서.... (이학재 역)

'알'(대항하여, 위하여, 위에)이라는 전치사는 다양한 뜻을 가지고 있으므로 본문에 적절하게 해석해야 하는데 반대로 해석한 경우이다. 이것은 주전 609년에 일어난 실제적인 역사적 사건이다. 바로느고는 바벨론을 대항하여 앗수르 왕을 돕고자 하였다. 개정은 반대로 해석하고 있다.

성경의 용례

전치사에는 분리 전치사, 비분리 전치사가 있으며, 또한 분리와 비분리로 같이 쓰이는 전치사가 있다. 각 언어에서 전치사를 이해하는 것은 필수적이듯이 전치사를 이해해야 문장을 이해할 수 있다. 비분리 전치사는 품사와 같이 합해지는 전치사인데, '베'(בְּ)(안에, 의해서, 함께)(in, by, with), '케'(כְּ)(같이, 의하면)(as, according to) '레'가 있으며, 또한 "레"(לְ)(-에게, 위하여, 하도록)라는 것으로 주로 쓰인다. 문장 속에서 쉽게 접할 수 있다(문법 전치사 참조). 그리고 앞에서 언급한 전치사들도 잘 익히면 문장을 쉽게 이해할 수 있다.

1121

בֵּן

발음: **벤** 빈도수: 3647회

아들, 손자, 아이들, 구성원

의미 / 뜻

'벤'은 '아들'이라는 뜻을 가지고 있다.

Tip & 합성어

1) 1125 בֶּן־אֲבִינָדָב '벤 아비나답' – '나답'(자원)의 아버지의 아들(벤). (1121과 410에서 유래)
2) 1126 בֶּן־אוֹנִי '벤 오니' – 고통(슬픔)의 아들. (1121과 205에서 유래)
3) 1127 בֶּן־גֶּבֶר '벤 게베르' – 용사(영웅)의 아들. (1121과 1397에서 유래)
4) 1128 בֶּן־דֶּקֶר '벤 데케르'–찌름(창)의 아들. (1121과 1856파생어에서 유래)
5) 1130 בֶּן־הֲדַד '벤 하다드'–하닷의 아들. (1121과 1908에서 유래)
6) 1132 בֶּן־זוֹחֵת '벤 조헤트'–소헷의 아들. (1121과 2105에서 유래)
7) 1133 בֶּן־חוּר '벤 후르'–훌의 아들. (1121과 2354에서 유래)
8) 1134 בֶּן־חַיִל '벤 하일'–능력(힘)의 아들. (1121과 2428에서 유래)
9) 1135 בֶּן־חָנָן '벤 하난'–하난(불쌍히 여김)의 아들. (1121과 2605에서 유래)
10) 1136 בֶּן־חֶסֶד '벤 헤세드'–인애의 아들. (1121과 2617에서 유래)
11) 1139 בְּנֵי־בְרַק '베네 베라크'–번개의 아들들. (1121의 복수 연계형과 1300에서 유래)
12) 1142 בְּנֵי יַעֲקָן '베네 야아칸' – 야아칸의 아들들. (1121의 복수 연

계형과 3292에서 유래)

13) 1144 בִּנְיָמִין '빈야민'(베냐민) - 오른손(능력)의 아들. (1121과 3225에서 유래)

14) 1145 בֶּן־יְמִינִי '벤 예미니' - 벤야민 자손. (1144에서 유래한 족속의 명칭)

원문바로보기

창 35:18

וַיְהִי בְּצֵאת נַפְשָׁהּ כִּי מֵתָה וַתִּקְרָא שְׁמוֹ
בֶּן־אוֹנִי וְאָבִיו קָרָא־לוֹ בִנְיָמִין׃

그가 죽게 되어 그의 혼이 떠나려 할 때에 아들의 이름을 '베노니'라 불렀으나 그의 아버지는 그를 '베냐민'이라 불렀더라(창 35:18). '베노니', '베냐민'이라는 이름은 다 '벤'(아들)의 연음으로 발음된 것이다. '벤 오니'(아벤/고통, 슬픔), '빈 야민'(오르손의 아들)으로 발음할 수 있다. 이렇게 '벤'이라는 어근이 들어가면, '아들'이라는 뜻으로 쉽게 해석할 수 있다. (개정)

성경의 용례

유대인의 이름은 '벤'이라는 이름이 많이 들어가는 경우, '-누구의 아들'이라는 개념이라고 이해할 수 있다. 영어에서는 2세 같은 경우에 '쥬니어'(Junior)라고 Jr. 라고 쓰는 경우와 유사하다고 보겠다.

5647
עָבַד

발음: 아바드 **빈도수: 262회**

일하다, 섬기다, 노동하다, 봉사하다, 일을 시키다, 경작하다.

의미 / 뜻

히브리어 어근은 주로 자음 세자로 구성된다. '아인', '베트', '달 '으로 3개로 구성되었다. 그리고 동사형은 주로 '아' 모음으로 발음되는데, 예를 들면, '아바드'(섬기다)(עָבַד)(to serve, to work)로 사용되고, 명사형은 주로 '에' 발음으로 구성되오, '에베드'(하인)(servant)이라는 뜻을 가진다. 이같이 어근은 같지만, 명사형, 동사형등 의미가 변형되고 있다.

Tip & 합성어

1) 동사 5647 עָבַד '아바드'-일하다. 예배하다. (기본어근)
2) 동사 5648 עֲבַד '아바드'-일하다. 예배하다. 아람어 계열
3) 명사 5649 עֲבֵד '아베드'-일꾼. (5648에서 유래)
4) 명사 5650 עֶבֶד '에베드'-종, 하인. (5647에서 유래)
5) 명사 5651 עֶבֶד '에베드'-종. (5650과 동일)
6) 명사 5652 עֲבָד '아바드'-행위, 일. (5647에서 유래)
7) 고유명사 5653 עַבְדָּא '아브다'-압다. (왕상 4:6)(5647에서 유래)
8) 고유명사 5654 עֹבֵד אֱדוֹם '오벧 에돔'-에돔의 일꾼(삼하 6:10). (5647의 능동태 분사와 123에서 유래)
9) 고유명사 5655 עַבְדְּאֵל '아브데엘'(아베데엘)-하나님의 종. (5647

과 410에서 유래)

10) 명사 5656 עֲבֹדָה '아보다' – 노동, 예배. (5647에서 유래)

11) 명사 5657 עֲבֻדָּה '아붓다' – '일한 것' (5647의 수동태 분사)

12) 지명 5658 עַבְדּוֹן '아브돈' – 종살이. (5647에서 유래)

13) 명사 5659 עַבְדוּת '아부두트' – 종살이. (5647에서 유래)

14) 형용사 5660 עַבְדִּי '아브디' – 봉사하는. (5647에서 유래)

15) 고유명사 5661 עַבְדִּיאֵל '아브디엘' – 하나님의 일꾼, 종. (5650과 410에서 유래)

16) 고유명사 5662 עֹבַדְיָה '오바댜'(오바드 야) – 여호와의 종. (5647의 능동태 분사와 3050에서 유래)

17) (고유)명사 5663 עֶבֶד מֶלֶךְ '에벳 멜렉'(에베드 멜렉) – 왕의 종. (5650과 4428에서 유래)

18) (고유)명사 5664 עֲבֵד נְגוֹ '아벳 느고'(에베드 느고) – 느고의 종. (5665와 동일함)

19) 고유명사 5665 עֲבֵד נְגוֹא '아베드 네고' – 아벳 느고, (느고의 종) (아람어)

원문바로보기

창 4:2

וַתֹּסֶף לָלֶדֶת אֶת־אָחִיו אֶת־הָבֶל וַיְהִי־הֶבֶל רֹעֵה צֹאן וְקַיִן הָיָה עֹבֵד אֲדָמָה׃

"그가 또 가인의 아우 아벨을 낳았는데 아벨은 양치는 자였고, 가인은 '농사하는 자' 였더라" 라고 말씀하신다. (개정)

여기서 '농사하는 자'는 '오베드 아다마'(עֹבֵד אֲדָמָה 땅의 일을 하는 자)라고 하고 있다. 물론 이것을 의역해서 '농사하는 자'라고 할 수는 있다.그러나 땅과 관련된 전반적인 일이니 보다 넓은 의미로 해석할 수 있다. 즉 '아다마'(땅, ground)에 '일하는 자'(오베드-분사형 명사)라는 뜻이다. 영역본도 '땅에서 일하는 자'(a worker of the ground. ESV), '땅의 경작자'(a tiller of the ground, KJV, JPS, NAB)라는 개념으로 해석하고 있다. '오베드'는 분사형이니, '동사'로 해석할 수도 있다. 그래서 동사로 해석하여 '가인은 땅에서 일했다'(and Cain worked the soil. NIV)라고 해석도 가능한 것이다.

성경의 용례

'종'(에베드)은 사실 신약에서는 그리스도의 '종'으로 말하면, 거의 머슴으로 말을 많이 한다. 그러나 구약에서는 '여호와의 종'(에벳 야웨)이라는 말은 하나님의 특별한 일꾼이며, 사명자로 말하고 있다. 여호수아 1:1에서 '여호와의 종'(에베드 야웨, עֶבֶד יְהוָה)이라는 것은 거의 모세 수준의 하나님의 일꾼을 칭할 때 하는 말이다. 여호수아 처음에는 여호수아는 '모세의 수종자'(수 1:1)에 지나지 않았다. 그러나 그가 '여호와의 종'이라는 칭호를 받기는 그의 평생 하나님께 헌신하고 백성들을 가나안으로 입성시킨 사명을 다 마치고 죽을 때 받은 칭호라는 것을 볼 때도 이 칭호, "에베드/에벳 야웨"(עֶבֶד יְהוָה)라는 칭호가 얼마나 대단한 것인가를 보여준다. 여호수아 24장 29절에 "이 일후에 여호와의 종(에베드 야웨, עֶבֶד יְהוָה) 눈의 아들 여호수아가 백십 세에 죽으매"(개정)라고 결론 짓는다.

여호수아는 처음에 그는 모세의 '시종'(개역), 혹은 '수종자'(개정), '보좌관'(바른성경)(메샤레트, מְשָׁרֵת) 즉 '돕는 자'에 불과했다. 그가 그의 평생 하나님의 사명을 다하고 받은 칭호, 그리고 불리는 이름이 바로 '에벳/에베드 야웨'(여호와의 종)인 것이다.

3513 כָּבֵד	발음: **카베드** 빈도수: 108회 무겁다, 비중이 크다, 영광스럽다, 뿌듯하다, 열성적이다.

의미 / 뜻

'카바드' 즉 '카프', '베트', '달 '이라는 어근으로 '무겁다'(be heavy)라는 뜻을 가진다. 그러나 이 의미는 확장되어 '존경받다'(be honoured)라는 의미를 가진다. 그래서 동사형으로는 '공경, 존경하다'라는 의미로 사용되고, 명사형으로는 '존귀, 영광'이라는 개념으로 사용된다. 제일 재밌는 단어가 '카베드'(간)라는 단어로, 내장에서 가장 '무거운 것'이라는 개념으로 사용된 것으로 보인다.

Tip & 합성어

1) 3513 כָּבַד '카바드' - 무거운 (기본어근)
2) 3514 כֹּבֶד '코데드' - 무거움, 격렬함. (3513에서 유래)
3) 3515 כָּבֵד '카베드' - 무거운, 고통스러운. (3513에서 유래)
4) 3516 כָּבֵד '카베드' - 간 (3515와 동일함)
5) 3517 כְּבֵדֻת '케베두트' - 어려움. (3515와 여성형)
6) 3519 כָּבוֹד '카보드' - 영광, 존귀. (3513에서 유래)
7) 3520 כְּבוּדָּה '케붓다' - 무거움, 부귀, 영화로움.
(3513의 여성 수동태 분사)

원문바로보기

출 20:12

כַּבֵּד אֶת־אָבִיךָ וְאֶת־אִמֶּךָ
יַאֲרִכוּן יָמֶיךָ עַל הָאֲדָמָה אֲשֶׁר־יְהוָה אֱלֹהֶיךָ נֹתֵן לָךְ׃
לְמַעַן

네 부모를 '공경하라'
그리하면 네 하나님 여호와가 네게 준 땅에서 네 생명이 길리라. (개정)

어근을 알면 '공경한다'는 의미가 정확하게 들어온다. '무겁게' 즉 '존귀하게'(honour) '영광스럽게'(glorious)여기는 의미를 가지고 있음을 추정할 수 있다. '공경하는 것'은 부모님을 부모님으로 '무겁게 여겨드리는 것'이다.

그러나 종종 성경을 가르칠 때 사역자들이 한자 풀이 하는 것을 본다. 그러나 이러한 한자풀이는 성경 해석에서 맞지 않은 경우가 많다. 그 단어의 히브리어 어근의 개념으로 풀어야지 해석된 단어의 한자를 풀이하면 틀리는 경우도 종종 있다.

성경의 용례

어근은 히브리어에서 중요한 개념을 가지고 가는 것이 사실이다. 어근 '무겁다'(카베드, כָּבֵד)와 반대되는 개념은 '가볍다'(칼랄, קלל)(7043), '가볍게 여기다, 가볍게 하다'라는 의미라는 뜻인데, 이 단어

역시 흥미롭다. 이 단어는 '칼랄'(작다, 중요하지 않다)고 여기는 것을 말한다.

하나님은 백성들에게, '복과 저주'(신 30:1)를 주시는데, 복은 '베라카'(בְּרָכָה)이며, '저주'는 '켈랄라'(קְלָלָה)(7045)로 이것은 어근 '칼랄'에서 나온 것이다. 즉 '저주'라는 것도 여러 가지 의미를 내포하고 있다. '켈랄라'는 '가볍게 여겨지는 것'(으로 저주)라는 개념이 있음을 알 수 있다. 즉 '저주'라는 것도 '가볍게 여기는 것'에서 나왔다는 것을 포함하고 있다. 이같이 개념에 대한 이해는 중요하다. '저주'가 물론 여러 가지 단어들이 있지만, 여기서는 '칼랄'(가볍게 여기다, 저주하다)의 어근으로 사용하였다. 사실 '저주하다'(아라르)라는 '아라르'(אָרַר)(779)로 사용하기도 하며, 또한 '맹세의 저주'(שְׁבוּעָה)(세부아)(7621)라는 개념은 '맹세인데, 저주를 맹세하는 것'이다. '알라'(אָלָה)(423)라는 말도 '저주'라는 뜻이다.

유사한 개념들이 있어도 여러 가지 개념으로 강조하는 경우가 있다. 또한 히브리어는 개념이 두 가지로 들어가서 해석되어야 하는 경우가 있다. 사실 '세부아'는 '맹세'라는 의미이지만, 이 단어는 '맹세하여 저주'하는 것으로 '저주'라는 단어로 사용된다. 즉 같은 '저주'라도 개념을 이해하는 것이 필요하다는 것이다.

1288	발음: **바라크** 빈도수: 256회
בָּרַךְ	무릎꿇다, 꿇어 엎드리다, 절하다, 복을 구하다, 하나님께 기원하다.

의미 / 뜻

'베트 레쉬 카프' 즉 '베레크'(בֶּרֶךְ)라는 어근은 명사형으로 '무릎'(1290)이라는 뜻이다. 동사형, '바라크'(무릎 꿇다)(ברך)는 '축복하다'라는 의미도 가진다. 인간이 인간의 복을 비는 것은 '축복하다'라고 하며, 신이 인간에게 '복주다'라는 의미이고, 인간은 신에게 복을 비는 것을 '송축하다'라는 의미로 해석할 수 있다.

Tip & 합성어

1) 1288 בָּרַךְ '바라크' – 축복하다. '무릎 꿇다'(to kneel down)
2) 1289 בְּרַךְ '베라크' – 아람어 계열로 동일한 의미이다. (1288과 일치함)
3) 1290 בֶּרֶךְ '베레크' – '무릎'이라는 명사형이다. (1288에서 유래)
4) 1291 בֶּרֶךְ '베레크' – '무릎' 아람어 계열이다. (1290과 일치함)
5) 1292 בָּרַכְאֵל '바라크 엘' – 하나님이 복주시다. (1288과 410에서 유래)
6) 1293 בְּרָכָה '베라카' – 축복, 복. (1288에서 유래)
7) 1294 בְּרָכָה '베라카' – 축복, 복의 골짜기. (1293과 동일함)
8) 1295 בְּרֵכָה '베레카' – 무릎 꿇는 저수지. (1288에서 유래)
9) 1296 בֶּרֶכְיָה '베레크 야' – 여호와의 복. (1290과 3050에서 유래)

원문바로보기

신 8:10

וְאָכַלְתָּ וְשָׂבָעְתָּ וּבֵרַכְתָּ אֶת־יְהוָה אֱלֹהֶיךָ
עַל־הָאָרֶץ הַטֹּבָה אֲשֶׁר נָתַן־לָךְ׃

"네가 먹어서 배부르고 네 하나님 여호와께서 옥토를 네게 주셨음으로 말미암아 그를 찬송하리라"(개정)

"너는 먹고 배부르며, 그분이 네게 주시는 좋은 땅에서 네 하나님 여호와를 송축할 것이라. (이학재 역)

개정은 시편에서 '바라크'를 거의 '송축하다'라고 번역하고 있다(시 16:7; 26:12; 34:1; 103:1, 20; 104:1, 35; 115:18; 134:1 등등). 따라서 '찬송하다'라는 단어들은 다양하게 있으므로 일치시킬 필요가 있다.

성경의 용례

'송축하라'(바라쿠 בָּרְכוּ)라는 의미로 사용되는 경우는 인간이 하나님께 '축복하다'라는 개념으로 사용될 때이다. 이 경우는 '송축하다' 정도로 해석한다. 이 의미를 통일시킬 필요가 있다. 또한 인간이 인간에게 복을 빌 때는 '축복하다'(복을 빌다)라는 의미가 있지만, 하나님은 축복의 근원자이시므로, 우리가 일상에서 기도하거나, 하나님께 '축복하다'라고 해석하는 것은 문법적으로 오류가 있다. 예전에는 잘못 쓰인 경우가 많았는데 다 고쳐진 것으로 보인다. 신이 인간에게 '복을 비는 것'을 우리는 '복주다'라고 해석해야 하는 것이 좋다. 하나님은 복의 근원이시기 때문이다. 초기에 개역도 그랬지만, 개정도 '복의 근원'(창 12:2)이라고 해석하였는데, 이러한 하나님이 복 주시는 하나님이시므로, 아브라함은 '복의 근원'(신적 위치)에 설 수 있다고 해서, 지금은 '복이 될찌라'(즉 '복의 통로')가 된다는 의미로 다 수정했다.

2372 חָזָה	발음: **하자** 빈도수: **55회** 보다, 주시하다, 응시하다, 자세히 보다, 심사숙고 하다

의미 / 뜻

'헤트 자인 헤'(חָזָה)(하자)라는 단어는 '본다'는 어근이다. 주로 '호제'는 '보는 자'로 성경에서는 '선견자'라고 해석하였다. 그리고 '하존'도 '이상, 환상'으로 주로 해석하기도 한다. 그러나 다양한 의미가 있다.

Tip & 합성어

1) 2372 חָזָה '하자' - 보다.
2) 2373 חֹזֶה '호제' - '선견자' (2372에서 유래)
3) 2375 חֲזוֹ '하조'- 선견자. (2372에서 유래)
4) 2376 חֵזוּ '헤주' - 광경, 환상. (2370에서 유래)
5) 2377 חָזוֹן '하존' - 이상, 환상, 계시. (2372에서 유래)
6) 2378 חָזוֹת '하조트' - 계시, 묵시. (2372에서 유래)
7) 2379 חֲזוֹת '하조트' - 계시(아람어), (2370에서 유래)
8) 2380 חָזוּת '하주트' - 계시. (2372에서 유래)
9) 2381 חֲזִיאֵל '하지엘' - 하나님이 보심. (2372와 410에서 유래)
10) 2382 חֲזָיָה '하자야' - 하나님이 보셨다. (2372와 3050에서 유래)
11) 2383 חֶזְיוֹן '헤즈욘' - '이상'. (2372에서 유래)
12) 2384 חִזָּיוֹן '힛자욘' - '묵시'. (2372에서 유래)

원문바로보기

오바댜 1:1

חֲזוֹן עֹבַדְיָה

오바댜의 묵시라 (개정)

오바댜의 계시의 말씀이라. (이학재 역)

'하존'은 '묵시', '이상', '환상'이라는 뜻을 가지고 있다. 그래서 많은 성경들은 이 의미로 번역하고 있다; '계시'(바른성경, 직역성경)'환상'(강신택 역)이다. 이러한 뜻도 있지만, (하나님의) '계시의 말씀'이라는 뜻도 있다. 쉬운 단어에 대한 해석도 이미 연구되어진 많은 해석들을 다 참고하여 적절하게 해석하는 것이 필요하다.

성경의 용례

선지서를 공부할 때 언급되는 첫 시간의 언급이 '선지자'에 대한 언급이다. 선지자를 주로, '나비'(선지자)(נָבִיא)(겔 2:5), '호제'(선견자)(חֹזֶה)(삼상 24:11) 혹은 '로에'(הָרֹאֶה)(삼상 9:9), 그리고 '이쉬 엘로힘'(하나님의 사람)(אִישׁ־הָאֱלֹהִים)(왕상 12:22)이라고 부른다.

이 경우 '나바'(말씀을 한다)는 하나님의 말씀을 '한다'라는 의미이며, '선견자'라는 의미인, '호제', '로에' 두 단어는 모두 '보는 자'라는 의미이다. 이것은 말씀을 받고, 말씀이 하시는 것을 믿고 보는 것을 말씀한다. 많은 선지자들이 말씀을 받았는데, 이 경우 '하자'(보았던, 즉 '계시의 말씀'을 보고, 받았다)라는 단어를 사용하고 있다. 이사야 1장 1절도 이렇게 시작하고 있다. '이사야의 계시의 말씀'(חֲזוֹן יְשַׁעְיָהוּ)으로 시작하고 있다.

그리고 '하나님의 사람' 즉 하나님께 속한 자로서 사명을 감당하였다. 따라서 '선지자'는 말씀을 받은 자, 또한 하나님의 계시를 '본 자'(호제)이었고 하나님께 속한 자이었다. 신약에서 '하나님의 사람'(딤전 6:11)이라는 배경은 구약적으로 본다면, '선지자의 별칭' 즉 '말씀을 받은 자'의 별칭이라고도 말할 수 있다.

4427

מַלָךְ

발음: 말라크 **빈도수: 347회**

통치하다, 다스리다, 지배하다, 왕이 되다, 왕위에 오르다

의미 / 뜻

'멤 라메드 카프'(מלך)라는 어근은 '다스리다'(reign) 혹은 '왕이 되다'(be the king)이라는 개념이다. 동사는 '말라크', 명사는 '멜레크'로 사용된다. 이 어근은 왕국(말쿠트)과 유사한 개념의 어근이 된다.

Tip & 합성어

1) 4427 מָלַךְ 말라크 - 다스리다. 왕이 되다
2) 4428 מֶלֶךְ 멜레크 - 왕. (4427에서 유래)
3) 4429 מֶלֶךְ 멜레크 - 왕의 이름. (4428과 동일함)
4) 4430 מֶלֶךְ 멜레크 - 아람어 '왕'. (4428에 일치함)
5) 4433 מַלְכָּא 말카 - 아람어 '왕후'. (4436에 일치함)
6) 4435 מִלְכָּה 밀카 - 이름 '왕후'. (4436의 한 형태)
7) 4436 מַלְכָּה 말카 - '멜레크'의 여성형, '왕후'. (4428의 여성형)
8) 4437 מַלְכוּ 말쿠 - 아람어 '왕국'. (4438에 일치함)
9) 4438 מַלְכוּת 말쿠트 - '왕국'. (4427에서 유래)
10) 4439 מַלְכִּיאֵל 말키엘 - 하나님의(은) 왕. (4428과 410에서 유래)
11) 4442 מַלְכִּי־צֶדֶק 말키체데크(멜기세덱) - 의의 왕.
(4428과 6664에서 유래)

원문바로보기

출 19:6

וְאַתֶּם תִּהְיוּ־לִי מַמְלֶכֶת כֹּהֲנִים וְגוֹי קָדוֹשׁ
אֵלֶּה הַדְּבָרִים אֲשֶׁר תְּדַבֵּר אֶל־בְּנֵי יִשְׂרָאֵל׃

"너희가 내게 대하여 제사장 나라가 되며 거룩한 백성이 되리라 너는 이 말을 이스라엘 자손에게 전할지니라" (개정)

"너희는 내게 제사장들의 왕국이 되고, 거룩한 백성이 될 것이니, 너는 이 말들을 이스라엘 자손에게 말할 것이라." (이학재 역)

혹자는 '나라'나 '왕국'이 같지 않는가? 질문할 수 있다. 그러나, '나라'와 '왕국'이라는 개념은 차이가 없는 것처럼 보이기도 한다. 그러나 '왕국, 왕토'(kingdom, dominion)(맘라카 מַמְלָכָה)라는 개념은 '멜레크'라는 어근이 들어 있으므로(즉 '왕'이라는 개념이 들어있다), 어근을 보다 더 확실하게 보여준다고 할 수 있다. 영역본에서도 이 단어, '맘라카'를 '국가, 나라'(nation)로 번역하지 않았는데, 약간의 개념의 차이가 있다. 따라서 '왕적 개념'이 들어간 '왕국'으로 번역하는 것이 더 낫지 않을까? 비록 '나라'라고 번역해도 그렇게 이해하면 될 것으로 본다.

성경의 용례

히브리어 문법에서 명사는 남성과 여성이 있다. 주로 남성에서 여성은 '헤'를 붙이면 된다. 그래서 '왕'은 '멜레크'(מֶלֶךְ)(king)이고, '여왕'은 '헤'가 붙고, 발음상 음절이 끊어져 '말카'(מַלְכָּה)가 된다. 그래서 남성은 '멜레크' 즉 줄여서 '멜렉'(מֶלֶךְ), 여성은 '말카'(מַלְכָּה)라고 한다. 이러한 현상은 창세기 17장 15절에서 아브라함의 아내의 이름이 '사래'(שָׂרָי)(나의 통치자?)가 사라'(שָׂרָה)가 되었는데, 이것은 '사르'(rf;)(통치자)의 여성형으로 '사라'(שָׂרָה)(여성 통치자)라는 뜻이다. 그래서 남성형에서 여성형은 이같이 '헤' 와 모음 '아'를 붙이면 된다. 이러한 것들은 '소년'(나아르, נַעַר)(참 렘 1:7)이 '헤'와 모음을 붙이면, '소녀'(나아라, נַעֲרָה)가 되는 것과 같다. 이같이 히브리어 명서 남성에서 여성을 만드는 것은 쉽다. 주의할 점은 음절이 끊어지는 것만 조심하면 된다. '남자아이'(옐레드, יֶלֶד)에 여성형을 만들면, 발음상, '여자아이'(얄다 יַלְדָּה)가 되는 것이다(물론 불규칙등은 문법에서 자세히 공부할 수 있다).

5608 סָפַר	발음: **싸파르** 빈도수: **107회** 새기다, 기록하다, 할퀴다, 긁어 모으다, 닦다, 돌 위에 글씨를 새기다, 계산하다.

의미 / 뜻

이 어근은 '싸멕 페 레쉬'로 동사, '싸파르'(סָפַר)는 '기록하다'의미를 가진다. 기록하는 사람, 기록관 혹은 서기관은 '쏘페르'(rpeso), 그리고 책은 '쎄페르'라고 하는데 다 여기서 나온 개념이다. 그런데 여기서 하나 지적할 것은 어근에서 '오에' 발음이 되면 능동형 분사형인데, '쏘페르' 즉 '기록하는 자'라는 의미가 되는 것이다. 그리고 '쎄페르'하면, '기록된 것'으로 '책'을 의미한다.

Tip & 합성어

1) 5608 סָפַר 싸파르 - 기록하다. 세다, 말하다.
2) 5609 סְפַר 쎄파르 - 아람어, 책. (5608과 동일)
3) 5610 סְפָר 쎄파르 - 조사. (5608에서 유래)
4) 5612 סֵפֶר 쎄페르 - 책, 조서. (5608에서 유래)
5) 5613 סָפַר 싸파르 - 아람어 서기. (5609와 같은 어원에서 유래)

원문바로보기

에스라 7:11

וְזֶה פַּרְשֶׁגֶן הַנִּשְׁתְּוָן אֲשֶׁר נָתַן הַמֶּלֶךְ אַרְתַּחְשַׁסְתְּא לְעֶזְרָא
הַכֹּהֵן הַסֹּפֵר סֹפֵר דִּבְרֵי מִצְוֺת־יְהוָה וְחֻקָּיו עַל־יִשְׂרָאֵל׃ פ

"여호와의 계명의 말씀과 이스라엘에게 주신 율례 학자요 학자 겸 제사장인 에스라에게 아닥사스다 왕이 내린 조서의 초본은 아래와 같으니라" (개정)

이것은 아닥사스다 왕이 제사장이며, 또 하나님의 명령과 이스라엘에게 주신 그분의 규례를 기록하는 서기관인, 에스라에게 내린 조서의 복사본이라. (이학재 역)

즉 '싸파르'(기록하다)를 분사형으로 그리고 분사형 명사인, '쏘페르'라고 말씀한다. '기록하는 기록관'(הַסֹּפֵר סֹפֵר)이다. 따라서 이제까지 주로 학사, 석사, 박사라는 의미로 개역 번역은 '학사', 개정은 '학자'라고 하는데, 이것은 어근을 살린 번역이 아니다. 오히려 학위위주로 하는 말이다. 따라서 '쏘페르'(the scriber)라는 말은 '서기관, 기록관' 정도로 해석하는 것이 더 적절하다.

성경의 용례

'소페르'라고 많이 하는데, '쏘페르'라고 '신, 쉰'과 구분하면 좋을 것이다. 성경에는 '싸멕'과 '신'의 차이를 구별하지 못하는 자들의 경우를 보여준다. 사사기에 나타나는 이야기이다. 여기에서 개정에서 '쉽볼렛'(שִׁבֹּלֶת)과 '십볼렛'(סִבֹּלֶת)이라고 발음이 차이가 있음을 보여준다(개정, 삿 12:6). 길르앗사람은 '쉰'과 '싸멕'의 발음의 구별이 되는 것으로 보인다(삿 12:5). 그러나 길르앗 사람이 나루터를 장악하고 에브라임 사람들로 발음을 해보게 하고, 이 발음이 되지 않는 사람을 42,000명이나 죽게 하는 사건이 나온다. 발음이 구분이 유대인들도 좀 되지 않았다는 것을 보여주는 예이다. 그런데 랍비들이 하는 발음을 들어보면, 개정은 '싸멕'의 '십볼렛'(סִבֹּלֶת)보다는 '씹볼렛'(סִבֹּלֶת) 즉 '싸멕'을 강하게 발음하는 것에 가깝다. 그리고 '쉽볼렛'(שִׁבֹּלֶת)은 '쉰'에 대한 발음이다.

한국에서도 대구 지방에서는 '쌀'을 '살'이라고 발음하여 부산과 구별되는 것이 흥미롭다. 같은 경상도도 조금씩 차이가 있는 것이다. 또한 경상도에서는 '으'발음을 '어' 발음으로 주로 해서, '증거'를 '정거'라고 발음하는 경우도 있다. 또한 전라도에서는 '예수'라는 발음을 '애수', '에수'라고 약하게 발음하는 경우도 보았다. 이같이 지역적으로 발음에 약간의 문제가 있을 수 있는데, '쉰'과 '싸멕'의 발음도 그러한 차이가 있는 발음임을 보여준다.

3808

לֹא

발음: 로 빈도수: 5097회

아니다, ~하지 않다, 아직 ~아니다,

의미 / 뜻

가장 쉬운 단어 '예'(켄, yes), '아니오'(로, no)라는 단어와 같이 '아니오'(로)(לֹא), 라고 하는 의미이다. 그러나 같은 발음 '로'(그 안에서)(לוֹ) 라는 단어도 있다. 이것은 '전치사' '레'(-에게)(לְ)라는 단어에 접미어 '바브'(그)(וֹ)가 붙은 형태이다.

Tip & 합성어

'로' -아니다.

1) 3808 לֹא '로' - 아니다.
2) 3809 לָא '라' - 아람어. 아니다. (3808과 일치함)
3) 3818 לֹא עַמִּי '로 암미' - 내 백성이 아니다. (3808과 접미 인칭대명사를 가진 5971에서 유래)
4) 3819 לֹא רֻחָמָה '로 루하마' - 긍휼함을 받지 않았다. (3808과 7355에서 유래)

원문바로보기

욥기 13:15

הֵן יִקְטְלֵנִי לא לֹו אֲיַחֵל אַךְ־דְּרָכַי אֶל־פָּנָיו אוֹכִיחַ׃

"그가 나를 죽이시리니 내가 희망이 없노라 그러나 그의 앞에서 내 행위를 아뢰리라"(개정)

"보아라 그가 나를 죽이실지라도 나는 그분 안에 소망을 가질 것이며, 참으로 내 길을 그분 앞에서 변호할 것이라"(이학재 역)

그렇다면 이러한 번역들은 어떻게 정반대가 되었을까? 발음 문제라고 볼 수 있다. 영어 번역도 보면, 이 단어 때문에 정반대로 해석된 것들이 있다. 예를 들면, 'ESV Job 13:15 Though he slay me, I will hope in him; yet I will argue my ways to his face.' 개정 같이 번역한 경우도 있는데, ; RSV Job 13:15 Behold, he will slay me; I have no hope; yet I will defend my ways to his face-이러한 경우는 반대로 '소망이 없다'로 해석하는 경우이다

이렇게 정반대의 해석이 생긴 것 이유는 바로, '로'에 대한 해석의 문제이고, 본문의 단어에 대한 선택의 문제이기 때문이다. 맥락에서는 '로' לוֹ 가 가깝다고 볼 수 있다.

성경의 용례

앞에서 지적된 대로, 히브리어 원문 성경은 워낙 오래 된 것이라,

오면서 여러 가지 사본적인 문제도 발생하고, 글로 적으면서 오타라고 여겨지는 본문도 수정하지 않고 그대로 다 각주에 기록함으로써 성경의 정확성을 더 가지게 된 것이다.

이렇게 기록된 그대로를 '케티브'(Ketib)라고 하고, 고쳐 읽으라고 제시하는 것은 '케레'(Qere)라고 한다. 이 본문의 경우에도 BHS 비평각주에 보면, 1240쪽에 소리로 읽고(케레), 또한 글로 적힌 것(케티브)이 다른 경우들이 있다. 주로 성경 프로그램에서는 비평각주가 없으므로 본문에서 לָא לָוֹ 오른쪽(문장 앞) לָא 에 있는 '로'가 '케티브'이며, 왼쪽(문장 뒤)에 제시된 '로' לָוֹ가 '케레'이다. 해석자에 따라서 다른 것을 선택할 수 있는 문제가 생긴다.

본문에 따라서 이렇게 '케레'를 선택하는 경우도 있지만, '케티브' 즉 적혀 있는 대로 해석해야 하는 경우도 있다. 한 가지 더 예를 들어보자.

참고로, 쓰여진 것(케티브, K)과 읽는 것(케레, Q)의 선택의 문제의 예를 구약에서 가장 기본적인 문제이다. 아래의 경우는 '케티브'를 받아들이는 경우도 있다. 예를 들어

תְּנָה־בְנִי לִבְּךָ לִי וְעֵינֶיךָ דְּרָכַי תִּרְצֹנָה תִּצֹּרְנָה

"내 아들아 네 마음을 내게 주며 네 눈으로 내 길을 즐거워할지어다" (개정)

"내 아들아 네 마음을 내게 주고 네 눈들이 내 길을 (기쁘게) 받아들이게 하라" (이학재)

"My son, give me your heart, and let your eyes observe my ways." (ESV) (잠언 23:26)

'케티브'와 '케레'의 문제는 원문의 선택문제이다. 실제로 전해져 내려오는 부분으로서 기록된 것은 '케티브'이며, '케레'는 읽혀져야 할 것으로 제시된 것이다. 이러한 부분은 거의 '케레'를 받아들여 해석하지만, '케티브'로 읽는 경우도 있다. 잠언 23:26절의 예를 들어 보자. '케티브'(적힌 것은)는 어근이, '라차'(רָצָה vb. be pleased with, accept favourably)로 기록되어 있다. 그러나 '케레'(읽는 것은)로 제시된 어근은, '나차르'(נצר keep) 즉 '지키다, 준수하다' 정도로 해석할 수 있다. 사실 적혀 있는 대로 해석하는 것은 다소 의미가 이상하게 생각할 수 있다. 그래서 영역본도 상당히 많은 번역들이, '준수하다'(observe, DBY, ESV, JPS, KJV), '지키다'(keep, DRA, NAB, NIB, NIV)라고 번역하고 있다. 어떤 번역은 원래의 기록된 '케티브' 대로 해석하여, '기쁘게 받아들여지다'(let delight ASV; take delight BBE, delight NAU, take pleasure NJB)로 번역하고 있다. 근본적인 부분은 바로 원문의 '케티브'와 '케레'의 동사를 둘 중에 선택하여 결정하여 해석하는 문제이다.

이러한 해석을 위해서는 원문의 해석을 하여야 하고, 또한 결정, 선택할 뿐만 아니라, 의미도 가장 포괄적인 것을 제시해야 한다. 이것은 두 가지 다 가능성이 있다. 그러나 문제는 선택의 문제이고, 선택을 했을 경우는 그 의미의 '범위 설정'을 바르게 해야 하고, '의미의 틀'을 전달해야 한다.

이런 경우 '라차'로 보면, '내 눈들이 내 길들이 기쁘게 받아지도록 해라'라고 해석할 수 있는 것이다. 그런데, 개정의 경우는 '케티브'로 해석한 것인데, 그렇다면, '받아지고, 여겨진다'는 개념이 전혀 전달되지 않고 있다는 사실이다. 영역본은 잠 23:26절에 대한 개념을 생각해 보자. 물론 동사형을 '라차' 혹은 '나차르'(keep)을 다르게 보는 선택의 문제가 있다. 그러나 그러한 문제에서 '라차'로 해석할 때 경우를 말한다. 이 같이 해석에서는 선택의 문제에

의해서 해석이 달라지기 때문에 선택이라는 이유 때문에 번역은 달라질 수 밖에 없는 것이다.[1]

1 이학재, “성경번역 원리들-잠언서의 개역개정 중심으로”, 「성경과 고고학」, (2016년 87호), 78-106.

3045 יָדַע

발음: 야다 **빈도수: 940회**

알다, 인지하다, 성관계를 갖다,
친분을 맺다, 소개받다, 예견하다

의미 / 뜻

'요드 달렡 아인'의 어근 '야다'(יָדַע)라는 단어는 '알다'라는 뜻이다. 물론 이 뜻에는 단순히 지식적인 '안다'(to know)는 것 뿐만 아니라, 깊이 있게 아는 것도 포함한다. '관계를 가지다'라는 뜻도 있다. 그래서 사전적으로는 '알다', '인지하다, 배워 알다', '성적으로 알다', '관계를 가지다'(know; notice; hear of, learn; know sexually, have intercourse with, copulate)라는 의미가 있다.

Tip & 합성어

1) 3045 יָדַע '야다' - 알다
2) 3046 יְדַע '예다' - 아람어, 알다. (3045와 일치함)
3) 3047 יָדָע '야다' - 아는 것. (3045에서 유래)
4) 3048 יְדַעְיָה '예다야' - 여호와께서 아신다. (3045와 3050에서 유래)
5) 3049 יִדְּעֹנִי '잇데오니' - 신접자. (3045에서 유래)
6) 1843 דֵּעַ '데아' - 지식. (3045에서 유래)
7) 1844 דֵּעָה '데아' - 지식, 여성형. (1843의 여성형)
8) 1845 דְּעוּאֵל '데우엘 - 하나님께 알려짐. (3045와 410에서 유래)
9) 1847 דַּעַת '다아트' - 지식. (3045에서 유래)

원문바로보기

창 4:1 전반부

וְהָאָדָם יָדַע אֶת־חַוָּה אִשְׁתּוֹ וַתַּהַר וַתֵּלֶד אֶת־קַיִן

“아담이 그의 아내 하와와 동침하매 하와가 임신하여 가인을 낳고....” (개정)

“아담이 그의 아내 하와를 (관계하여) 알자, 임신하여 가인을 낳았다.” (이학재 역)

성경의 용례

‘요드 달 아인’의 어근 ‘야다’(יָדַע)라는 어근은 명사형이 되면 ‘데아’나 ‘다아트’라는 형태를 지니게 된다. 주로 어근이 발음이 달라져서 동사 명사형이 달라지는 것과 달리 이 단어는 뒤에 ‘타브’가 붙는 ‘다아트’라는 명사형이나, ‘요드’가 빠져 ‘데아’라는 형태를 가지게 된다.

특이한 것은 신에 대해서 알게 되는 자를 ‘3049 ‘잇데오니’-신접자 ’라고 하는데 여기에 대한 많은 부분에 대해서 아는 자라는 의미이다.

잠언 1:7의 전반부를 보자.

יִרְאַת יְהוָה רֵאשִׁית דָּעַת

이 말의 뜻은 ‘여호와를 경외하는 것은 지식의 시작(처음)이다’고 시작한다. 여기서 '다아트'라는 단어는 바로 '야다'의 명사형으로 '다아트'는 '지식'(knowledge)을 말한다. 또한 9:10에서는 순서로 보면, '지혜의 시작은 여호와를 경외하는 것이다'라고 순서가 바뀌어 있다. 그러나 개정은 "여호와를 경외하는 것이 지혜의 근본이요"라고 같은 순서로 해석하고 있다.

잠언 9:10

תְּחִלַּת חָכְמָה יִרְאַת יְהוָה

2206

זָקָן

발음: 자칸 빈도수: 19회

턱수염, 턱

의미 / 뜻

어근 '자인 코프 눈'(זקן)은 동사형으로 '자켄'(나이 먹다), '늙은이'(자칸)이라는 뜻으로 사용되니, 이 어근은 사실, '자칸'(זָקָן)이라는 단어는 '수염'이라는 뜻이 있으므로, '나이간 든다'는 말은 '수염'과 무관하지 않음을 알 수 있다.

Tip & 합성어

1) 2204 זָקֵן '자칸' - 나이 들다.
2) 2205 זָקֵן '자켄' - 늙은. (2204에서 유래)
3) 2206 זָקָן '자칸' - 수염. (2204에서 유래)
4) 2207 זֹקֶן '조켄' - 연로한. (2204에서 유래)
5) 2208 זָקֻן '자쿤' - '노년' (2204의 수동태 분사형)
6) 2209 זִקְנָה '지크나' - '노년'의 여성형

원문바로보기

요엘 2:28

וְהָיָה אַחֲרֵי־כֵן אֶשְׁפּוֹךְ אֶת־רוּחִי עַל־כָּל־בָּשָׂר

וְנִבְּאוּ בְּנֵיכֶם וּבְנוֹתֵיכֶם זִקְנֵיכֶם חֲלֹמוֹת יַחֲלֹמוּן
בַּחוּרֵיכֶם חֶזְיֹנוֹת יִרְאוּ׃

"그 후에 내가 내 영을 만민에게 부어 주리니 너희 자녀들이 장래 일을 말할 것이며, 너희 늙은이는 꿈을 꾸며 너희 젊은이는 이상을 볼 것이며" (개정)

"그리고 이후에 내가 내 영을 모든 사람위에 부을 것이니, 너희 아들들과 너희 딸들은 예언할 것이며, 너희 늙은이들은 꿈을 꿀 것이며, 너희 젊은이들은 환상을 볼 것이라." (이학재 역)

어근에서 '늙은이'는 꿈을 꾼다. 그러나 '자녀들은 장래일을 말한다'고 번역한다. 개역과 개정은 신약에서(행전 2장)에서는 '예언한다'고 번역하지만, 구약에서는 '장래일을 말한다' 라고 잘못 번역한다. '예언'이라는 것은 "예언(預言)이라는 개념으로 해석하는 것이 더 정확하다. 예언(豫言)이라는 의미로 개정은 번역하고 있다. '나바'(말씀)라는 어근도 '말씀'이라는 뜻이 더 강하다. 따라서 예언자가 '장래일을 말하기'도 했지만, 말씀 사역은 점치는 것과 같은 미래의 일을 예견(豫見)하는 사역이 아니라, '예치'(預置)와 같이 '말씀을 두고' 즉 '말씀을 가지고 대언'(겔 37장 7절)하는 것을 말한다. 따라서 개정은 '나비'라는 이 의미를 잘못해석하고 있다.

성경의 용례

'늙은이'(자켄, זָקֵן), '젊은이'(바후르, בָּחוּר), (욜 2:28), '소년'(나아르, נַעַר)(참 렘 1:7), '소녀'(나아라, נַעֲרָה), '남종'은 '에베드'(עֶבֶד), '여종'(פִּקְחָה

שׁ) 그리고 복수형 정관사를 넣은 형태로, '남종들'(하아바딤)(הָעֲבָדִים) '여종들'(하쉬파호트)(הַשְּׁפָחוֹת)(욜 2:29)에 나타난다.

또한 성경에서 '이스라엘의 장로'(지커네 이스라엘, זִקְנֵי יִשְׂרָאֵל)(출 3:16)라는 표현 역시 여기에서 기원한 표현이다. 바르게 번역하면, '이스라엘의 원로들/장로들/노인들' 정도로 해석할 수 있는 것이다.

3467 יָשַׁע

발음: **야샤** 빈도수: **205회**

구원하다, 구원받다, 구하다, 안전하다.

의미 / 뜻

'요드 쉰 아인'(ישע)의 어근을 가지고, 주로 '야사'(ישע)라는 의미로 사용되는데, '구원하다'라는 뜻이다. 명사형, '예슈아'(יְשׁוּעָה)라는 단어로 사용되는데, '구원, 구출, 행복, 복지, 승리'(salvation, deliverance, welfare, prosperity, victory)라는 뜻을 가진다. 따라서 '구원'이라는 의미로 해석하지만, 사실 '승리'라고 사용되는 경우가 있다.

Tip & 합성어

1) 3467 יָשַׁע 야샤 – 구원하다. 승리하다.
2) 3468 יֶשַׁע 예샤 – 자유, 해방. (3467에서 유래)
3) 3469 יִשְׁעִי 이슈이 – 구원하는. (3467에서 유래)
4) 3470 יְשַׁעְיָה 예사야 – 여호와께서 구원하셨다.
   (3467과 3050에서 유래)
5) 3442 יֵשׁוּעַ 예슈아 – 그가 구원하실 것이다. (3091 참조)
6) 3443 יֵשׁוּעַ 예슈아 – 아람어. 그가 구원하신다. (3442와 일치함)
7) 3444 יְשׁוּעָה 예슈아 – 구원받는 어떤 것.
   (3467의 여성 수동태분사형)
8) 8668 תְּשׁוּעָה 테슈아 – 건짐. (7768에서 유래)

원문바로보기

'테슈아'(תְּשׁוּעָה), '예슈아'(יְשׁוּעָה)는 거의 같은 의미이다. 둘 다 '구원, 승리' 라는 의미를 가지고 있다. 개정의 두 곳을 보면, 같은 어근을 '승리', '구원'으로 번역할 수 있다. 한글 번역을 보자.

시 20:5 "우리가 너의 승리로 말미암아 개가를 부르며 우리 하나님의 이름으로 우리의 깃발을 세우리니 여호와께서 네 모든 기도를 이루어 주시기를 원하노라"

시 144:10 "주는 왕들에게 구원을 베푸시는 자시오" 라고 해석한다. 그러나 영역본에서는 버전에 따라 다르지만, 정반대로 해석하고 있다(ESV Psalm 20:5 May we shout for joy over your salvation, ; 144:10 who gives victory to kings). 이렇게 같은 단어가 다르게 해석되는 것은 '승리, 구원'이라는 복합적인 의미를 동시에 가지고 있기 때문이다. 히브리어 단어는 이러한 개념을 이해해야 하는 경우가 많다.

성경의 용례

신약 성경에 나오는 많은 단어들이 구약에 근거를 가지는 경우가 많다. 예를 들어 예수님이 예루살렘에 입성 할 때에 많은 사람들이 '호산나'(ὡσαννά)라고 찬양하였다. 그러나 신약의 헬라어는 구약의 의미를 음역한 것에 불과하다. 구약에서 이 의미는 시편 118편 25절에 '호시아 나'(הוֹשִׁיעָה נָּא)(제발, 구원하소서)라는 의미로 실제로 나타난다. '호시아'는 '야샤'(יָשַׁע)의 히필형으로 '구원하소서'(הוֹשִׁיעָה)라는 의미이고, '나'(נָּא)는 '제발'이라는 의미이다.

7136 קָרָה	발음: **카라** 빈도수: 23회 만나다, 생기다, 발생하다, 만나러 가다, 임명하다.
7121 קָרָא	발음: **카라** 빈도수: 755회 부르다, 외치다, 고함치다, 선언하다, 소집하다.

의미 / 뜻

동음이어의 두 개의 어근은 비슷한 뜻을 가지기도 한다. 첫 번째 어근 '카라', '코프 레쉬 헤'(קָרָה)는 '만나다', '일어나다, 생기다'라는 뜻이다. 두 번째 어근은 동음이지만 접미어가 다른 단어는 '카라'(קָרָא)로 사용되는 경우도 있다. 이 경우는 '부르다, 부르짖다, 읽다, 소리내다'라는 어근으로 사용된다.

Tip & 합성어

1) 7136 קָרָה 카라 - 일이 생긱다. 일이 생기다.
2) 7137 קָרֶה 카레 - (불행한) 사건. (7136에서 유래)
3) 7121 קָרָא 카라 - 부르다. 읽다. 소리내다. 부르짖다
4) 7122 קָרָא 카라 - 일이 생기다.
5) 7123 קְרָא 케라 - 부르다.
6) 7124 קֹרֵא 코레 - 부르짖는 자. (7121의 능동태 분사형)

원문바로보기

룻기 2:3

וַיִּ֣קֶר מִקְרֶ֔הָ חֶלְקַ֤ת הַשָּׂדֶה֙ לְבֹ֔עַז אֲשֶׁ֖ר מִמִּשְׁפַּ֥חַת אֱלִימֶֽלֶךְ׃

'...우연히 엘리멜렉의 친족 보아스에게 속한 밭에 이르렀더라' (개정)

성경은 '우연을 가르치는가?'라는 것은 신학적인 문제가 된다. 이것은 '미크레'(by chance she came (literally her chance came) upon the plot of land) '기대치 않게, 예상치 않게'(by happen)이라는 뜻으로 해석하면 된다. 룻이 간 것은 '우연히'라고 해석하기 보다는 '기대치 않고, 예상치 않게'라고 단어를 잘못해석한 문제로 볼 수 있다. '우연히'라고 번역하면 성경에서 가르치는 '섭리' 하나님의 주권과 어긋나는 해석이 될 수가 있다.

성경의 용례

동음이의(同音異義)의 경우를 보자. '카라'(קָרָא)로 사용되는 경우도 유사하다. 예를 들어 보자. 예레미야 33:3 (קְרָא אֵלַי וְאֶעֱנֶךָ)를 말하면서 기도를 강조하고, 특별히 소리치는 기도를 해야 한다고 강조한다. 과연 그럴까? 개정은 "너는 내게 부르짖어라 내가 네게 응답하겠고..." 라고 번역하기 때문이다. 여기서 '부르짖다'는 영역본은 '부르짖다'(cry out)라고 해석하기 보다는 '나를 부르라'(Call to me, ESV)라고 해석하고 있다. 즉 '케라'라는 단어가 늘 '부르짖다'라는 의미를 가지고 있는 것도 아니고, 본문에서도 '나를 부르라'라는 의미정도의 해석을 하고 있다는 사실이다.

번역에서 '부르짖어라'라고 해석하기 때문이므로 결국 해석의 문제라는 결론이 생긴다.

이같이 원문의 단어의 의미를 모르거나, 번역의 강도를 모르면 번역의 강도에 따라서 은혜를 받는 경우가 많다. 원문이 그렇다기 보다는 번역이 그런 경우가 많다.

7650 שָׁבַה	발음: **샤바** 빈도수: 185회 맹세하다, 서원하다, 맹약하다.
7646 שָׂבַא	발음: **사바** 빈도수: 97회 만족하게 되다, 배부르다, 가득하다.

의미 / 뜻

이 어근은 7650, '샤바'(שָׁבַע)(맹세하다, swear)라는 뜻을 가지고 있다. 또한 '맹세하다'는 개념은 '칠'(שֶׁבַע)(셰바)이라는 개념과 연결시켜 해석하기도 한다. 이러한 어원에 대한 개념은 논란이 있기는 하다(HALOT, 1397). 그러나 그 의미에 대한 개념을 이해하게 한다.

또한 '쉰'으로 할 때는 이런 뜻이지만, '신'으로 '사바'도 있는데, 7646, '사바'(שׂבע)라는 의미로 '만족하다'라는 뜻을 가지고 있고, 그 의미와 연관된 단어들도 많이 나타난다. 이 두가지의 개념에서 단어의 의미가 시작된 것을 알 수 있다.

Tip & 합성어

1) 7650 שָׁבַע '샤바' – 맹세하다.
2) 7651 שֶׁבַע '세바' – 일곱. (7650에서 유래)
3) 7652 שֶׁבַע '셰바' – 일곱. (7651과 일치함)
4) 7655 שִׁבְעָה 쉬브아 – 아람어. 일곱. (7651과 일치함)

5) 7656 שִׁבְעָה 쉬브아 – 일곱째. (7651의 남성형)

6) 7657 שִׁבְעִין 쉬브임 – 칠십. (7651의 배수)

7) 7658 שִׁבְעָנָה 쉬브아나 – 일곱. (7651의 남성형의 연장형)

8) 7646 צָבַע 사바 – 만족하다.

9) 7647 צָבָע 사바 – 풍성함. (7646에서 유래)

10) 7648 צֹבַע 소바 – 만족함. (7646에서 유래)

11) 7649 צָבֵעַ 사베아 – 배부른. (7646에서 유래)

11) 7653 צִבְעָה 시브아 – 포만. (7647의 여성형)

원문바로보기

창 21:31

עַל־כֵּן קָרָא לַמָּקוֹם הַהוּא בְּאֵר שָׁבַע כִּי שָׁם נִשְׁבְּעוּ שְׁנֵיהֶם׃

"두 사람이 거기서 서로 맹세하였으므로 그 곳을 브엘세바(맹세의 우물)라 이름하였더라" (개정)

성경에 일어난 사건과 이름이 연관되는 일은 구약에 대단히 많다. 이러한 단어들만 알아도 히브리어를 알 수 있는 경우가 된다. '우물'은 히브리어로 '브엘'(בְּאֵר)(버에르, 혹은 '베에르')이다. 따라서 '브엘(베에르-우물) 셰바'(맹세)는 '맹세의 우물'이 되는 것이다.

성경의 용례

'맹세의 우물'(창 21:31)과 마찬가지고 모든 사건과 이름의 스토리는 시작된다. 그리고 각 지역도 그 이름을 여전히 가지고 있다. 최북단 '단'에서 '브엘세바'(남단)의 이름도 여전히 남아 있는 것이다.

성경의 지리와 배경만 알면 성경을 알 수 있다고 생각할 줄 모르겠지만(사실 많은 부분이 이해가 됨), 그러나 언어의 배경과 특히 본문 자체와 신학의 배경도 무시할 수 없다.

성경은 인간의 모든 배경(문화, 지식, 배경, 언어등등)을 다 포함하고 있기 때문에 배경적 모든 지식이 다 도움이 될 수 있다는 것이다.

1697 דָּבָר	**발음: 다바르** 빈도수: 1442회 말, 일, 사건, 행해진 것, 문맥에 따라 다양한 의미.

의미 / 뜻

'달렡 베트 레쉬'로 구성된 '다바르' (דָּבָר)라는 어근은 '다베르' 혹은 '다바르'는 '말하다'라는 의미로, 명사형으로 '말', '일'이라는 뜻으로 사용된다. 스펠링이 같지만, 1698, '데베르'는 '전염병'이라는 뜻을 가진다.

Tip & 합성어

1) 1696 דִּבֵּר 다바르 - 말한다.
2) 1697 דָּבָר 다바르 - 말. (1696에서 유래)
3) 1698 דֶּבֶר 데베르 - 흑사병, 전염병.
(1696에서 유래 '부순다'의 의미에서)
4) 1699 דֹּבֶר 도베르 - 말. (1696에서 유래)
5) 1700 דִּבְרָה 디브라 - 이유, 소송. (1697의 여성형)
6) 1701 דִּבְרָה 디브라 - 아람어, 의도. (1700의 유래와 일치)
7) 1703 דַּבָּרָה 답베라 - 말. (1696의 강세형)
8) 1704 דִּבְרִי 디브리 - 말 많은. (1697에서 유래)

원문바로보기

신 1:1

אֵלֶּה הַדְּבָרִים אֲשֶׁר דִּבֶּר מֹשֶׁה אֶל־כָּל־יִשְׂרָאֵל

"이는 ..이스라엘 무리에게 선포한 말씀이니라" (개정)

이것은 이스라엘 모든 자들에게 모세가 말한 말씀들이라. (이학재 역)

여기서는 동사 '디베르'와 명사형, '다바르'의 복수형, '데바림'(말씀들)이 동시에 사용되었다. 그래서 신명기의 제목을 '데바림'이라고 부른다. 이같이 구약 성경의 제목은 창세기는 첫 단어 '베레쉬트'(처음에, 태초에), 출애굽기는 '셰모트'(이름들, names), 레위기, '바이크라' (그가 부르셨다), 그리고 민수기는 '베미드바르'(광야에서)라고 제목을 지은 이유도 첫 절에 나오는 특정의 단어를 제목으로 잡은 것이다. 신명기는 '다바르'의 단어가 두 번이나 강조되어 나타나는 제목으로 '데바림'(말씀들)로 시작한다.

성경의 용례

시편에 보면 다양하게 하나님의 말씀에 대해서 단어를 사용하고 있다. 이러한 단어들은 '말씀'이라는 하는 다양한 단어를 통해서 말씀을 풍성과 다양함을 강조하고 있다고 볼 수 있다.

시편에서는 '율법'(토라), '말'(다바르), '도, 길'(데렉), '판단'(미쉬파팀), '증거'(에두트), '명령, 계명'(미처바), '규례, 법도'(후킴), '교훈, 가르

침'(피쿠딤), '약속의 말씀'(이머라, promise of Word)과 같이 다양한 표현으로 사용되는데, 그 이유는 다양한 하나님의 말씀의 특징을 강조하는 것으로 보인다.

하나님의 말씀은 이같이 다양한 단어로 성경에서 표현되고 있으며, 특별히 시편 119편에서는 이렇게 다양한 단어로 사용되었다.

3034 ידה TT	**발음: 야다** **빈도수: 117회** 던지다, 감사하다, 찬양하다, 고백하다. 아뢰다.(3045, 야다 / יָדַע와 구분됨)

의미 / 뜻

3045 '야다' (요드 달렛 아인)(יָדַע)와 발음이 같지만, 스펠링은 다르다. 이 단어는 어원에 대해서 HALOT사전은 2개의 어원으로 나눈다 - '던지다'(ידה)(I); '감사하다, 찬양하다, 회개하다'(II)(389쪽)-그러나 이 의미를 BDB에서는 하나로 적고 있다(392쪽).

3034 '요드 달렛 아인'(야다)(ידה)는 '던지다'라는 개념에서 발전했고, 이 단어는 '야드'(손)과도 무관하지 않은 것으로 보인다. 이러한 이 단어는 '던지다'는 개념을 통해서 히필형(사역형 능동형)으로는 '찬양하다'(praise), '감사하다'(give thanks), '자백하다'(confess)라는 개념들을 가지고 있다(HALOT, 389).

Tip & 합성어

1) 3034 יָדָה 야다 - 찬양하다, 감사하다, 자백하다.
2) 3042 יְדָיָה 예다야 - 여호와의 칭찬받는. (3034와 3050에서 유래)

원문바로보기

성경을 읽다 보면, '감사하다', '찬양하다'라고 혼용해서 해석하는 경우가 많다. 그럴 때 '감사하다' 혹은 '찬양하다'인가?를 묻게 된다. 예를 들어보자. 해석은 다양하고 두 가지로 나뉜다.

시 6:5 (히브리어 원문 6:6)

כִּי אֵין בַּמָּוֶת זִכְרֶךָ בִּשְׁאוֹל מִי יֽוֹדֶה־לָּֽךְ׃

“사망 중에서는 주를 기억하는 일이 없사오니 스올에서 주께 **감사할 자가** 누구리이까?” (개정)

Psalm 6:5 For in death there is no remembrance of thee: In Sheol who shall give thee **thanks**? (ASV)

Psalm 6:5 For in death there is no remembrance of you; in Sheol who will give you **praise**? (ESV)

성경의 용례

이같이 ‘찬양하다’ 혹은 ‘감사하다’라는 중의적인 개념을 가지고 있다 보니 실제로 사용되는 경우는 다르게 번역되는 경우를 종종 본다. 번역만 보면 이상하게 여길 수 있으나, 원문의 단어의 개념을 보면 ‘찬양하다’, ‘감사하다’는 크게 다르지 않다.

뿐만 아니라, 히트파엘형으로는 ‘자백하다’(to take confession)라는 의미이다. 느헤미야 9장 2절에서 “모든 이방 사람들과 절교하고 서서 자기의 죄와 조상들의 허물을 자복하고”라고 사용된 것을 보면, ‘그들의 죄악을 자복하였다’(וַיִּֽתְוַדּוּ עַל־חַטֹּאתֵיהֶם). 이렇게 ‘요드 달렛 헤’(야다)(ידה)는 ‘던지다’라는 개념이 다양한 의미로 성경에 사용됨을 확인해 볼 수 있다.

7355
רָחַם

발음: **라함** 빈도수: 47회

사랑하다, 귀여워하다, 긍휼히 여기다, 자비하다.

의미 / 뜻

'라함'(레쉬 헤트 멤)(רחם)이라는 단어는 '자궁'(womb)(레헴)이라는 개념을 가지고 있다. '레헴'은 또한 '긍휼'(mercy), '불쌍히 여김'(compassion)이라는 뜻이 있다(HALOT, 1217). 따라서 이 개념으로 이해하면 내용이 쉽게 이해된다.

Tip & 합성어

1) 7356 רַחַם '라함' - 불쌍히 여기다. (7355에서 유래)
2) 7355 רָחַם '라함' - 자궁, 처녀.
3) 7357 רַחַם '라함' - 불쌍히 여김. (7356과 동일함)
4) 7358 רֶחֶם '레헴' - 자궁. (7355에서 유래)
5) 7359 רְחֵם '레헴' - 아람어, 연민. (7356과 동일함)
6) 7362 רַחְמָנִי '라흐마니' - 동정심 많은. (7355에서 유래)

원문바로보기

출 34:6 하나님의 특성

אֵל רַחוּם וְחַנּוּן אֶרֶךְ אַפַּיִם וְרַב־חֶסֶד וֶאֱמֶת׃

"...여호와라 **자비롭고** 은혜롭고 노하기를 더디하고 인자와 진실이 많은 하나님이라." (개정)

"하나님은 **불쌍히 여기시며**, 은혜를 베푸시고, 노하시를 오래하시고 인애와 진리가 많으시나이다. (이학재 역)

하나님의 품성에 대해서 가장 확실하게 말씀하고 있는 구절이 출애굽기 34장 부분이다. 그러나 이 부분에 대해서 조금 해석의 정리가 필요하다.

성경의 용례

하나님의 성품에 대해서 설명할 때 개정은 '은혜롭다'고 해석하기도 하는데, 이것은 하나님이 우리에게 은혜를 베푸시는 것을 '하난'(חנן)은 '은혜를 베풀다'(favour someone with, make gracious) 혹은 '하눈'(חַנּוּן)을 '은혜를 베푸는'(merciful, gracious, kind) 정도를 해석할 수 있다. 중요한 것은 하나님의 성품에 대해서 일관성 있게 해석할 필요가 있다. 앞에서 언급한 것처럼, '라함'(רחם)에 대해서 '자비롭다'고 하기보다는 '사랑하다'(love), '불쌍히 여기다'(take pity on someone)라고 해석하는 것이 적절하다고 볼 수 있다.

7200

רָאָה

발음: 라아 **빈도수: 1299회**

보다, 바라보다, 분별하다, 구경하다, 감찰하다.

의미 / 뜻

'레쉬 알렙 헤'(ראה)의 어근은 '보다'(see) 라는 개념을 가지고 있다. 동사형은 각 단수와 복수, 과거형(카탈형), 미래형(익톨형)의 형태를 가지고 단수, 복수 1, 2, 3인칭의 변화를 가지게 된다.

Tip & 합성어

1) 7200 רָאָה '라아' - 보다.
2) 7202 רָאֶה '라에' - 보기(seeing). (7200에서 유래)
3) 7203 רֹאֶה '로에' - 선지자적 환상. (7200의 능동태 분사)
4) 7204 רֹאֵה '로에' - 선지자. (7203 참조)
5) 7205 רְאוּבֵן '레우벤' - 보라 아들이라.
   (7200의 명령형과 1121에서 유래)
6) 7207 רַאֲוָה '라아바' - 바라 본, 만족. (7200에서 유래)
7) 7210 רֳאִי '로이' - 바라봄, 구경거리. (7200에서 유래)
8) 7211 רְאָיָה '레아야' - 여호와께서 보셨다. (7200과 3050에서 유래)
9) 7212 רְאִית '레이트' - 바라봄, 보는 것. (7200에서 유래)

원문바로보기

창 22:14

여호와 이레(יְהוָה יִרְאֶה)와 여호와 예라에(יְהוָה יֵרָאֶה)

וַיִּקְרָא אַבְרָהָם שֵׁם־הַמָּקוֹם הַהוּא יְהוָה יִרְאֶה
אֲשֶׁר יֵאָמֵר הַיּוֹם בְּהַר יְהוָה יֵרָאֶה׃

"아브라함이 그 땅 이름을 **여호와 이레**라 하였으므로 오늘날까지 사람들이 이르기를 여호와의 산에서 **준비되리라** 하더라"(개정)

개정은 '라아'(har)는 칼형(능동형) 3인칭 미완료 남성 단수로, '이레'(그가 보실 것이다)다로 사용되었고, 이 단어를 해석하면서, '아도나이 예라에'(יְהוָה יֵרָאֶה)라고 해설하는데, 이것은 수동형(니팔형)으로, '하나님께서 보이실 것이다'(God lets himself be seen, appears)라는 의미로 사용되었다. 개정에서 '준비되리라'는 의역으로, 직역하면, '하나님이 보이실 것이다'라고 해석되는 것이 적절하다. 이같이 동사는 능동형, 수동형에 따라서 동사의 변형이 달라진다.

성경의 용례

이렇게 동사형에서는 동사의 어간들(stems)이 있는데, 동사의 다양한 표현들이 나타난다. 어간은 7가지가 있다. '칼형'(단순 능동형), '니팔형'(단순 수동형), '피엘'(강조 능동형), '푸알'(강조 수동형), '히필형'(사역 능동형), '호팔형'(사역 수동형), '히트파엘'(재귀형) 이 있다. 여호와 이레(יְהוָה יִרְאֶה)와 같이 '이레'(그가 보실 것이다)는 '칼형'(단순 능동형)이며, '여호와 예라에'(יְהוָה יֵרָאֶה)는 수동형으로 '예라에'(그가 보여지실 것이다)라는 의미의 니팔형(단순 수동형)이다. 따라서 동사는 이러한 형태에 따라 다양한 뜻을 가지게 되는 것이다(문법, 동사 어간들 참조).

1431

גָּדַל

발음: 가달 **빈도수: 116회**

위대하다, 크다, 함께 꼬다, 단결시키다, 함께 묶다.

의미 / 뜻

형용사, '가돌'(גָּדוֹל)(위대하다)이며, 동사는, '가달'(גָּדַל)(위대하다, 위대하게 하다)이고, 명사형은 '고델'(גֹּדֶל)(광대하심)이다. 이렇게 어근 '기멜 달렛 라메드'(גדל)는 모음의 형태로 거의 변하고, 동사는 '아' 발음, '오' 발음은 명사형태를 가진다.

Tip & 합성어

1) 1431 גָּדַל 가달 – 크게 하다. 위대하다.
2) 1432 גָּדֵל 가델 – 위대한 큰. (1431에서 유래)
3) 1433 גֹּדֶל 고델 – 광대하심. (1431에서 유래)
4) 1436 גְּדַלְיָה 게달야 – 여호와께서 위대하시다. (1431과 3050에서 유래)
5) 1437 גִּדַּלְתִּי 깃달티 – 내가 위대하다. (1431에서 유래)

원문바로보기

창 19:11

וְאֶת־הָאֲנָשִׁים אֲשֶׁר־פֶּתַח הַבַּיִת הִכּוּ בַּסַּנְוֵרִים
מִקָּטֹן וְעַד־גָּדוֹל וַיִּלְאוּ לִמְצֹא הַפָּתַח׃

"문 밖의 무리를 **대소를 막론하고** 그 눈을 어둡게 하니 그들이 문을 찾느라고 헤매었더라" (개정)

개정에서 '대소'는 정확하지 않다. 영역본은 의역으로, '젊은이 늙은이'(young and old, NIV)로 나이로 구분하기도 했고, '작은 자와 큰 자'(both small and great, JPS)로 신분을 의미하는 개념으로 해석하기도 했으나, 원문의 개념을 다 포함하고 있다고 볼 수 있다.

성경의 용례

이같이 '크다'와 같이, 형용사에는 많은 단어들이 있다. 이러한 반의어들을 암기하면 단어 어휘를 익힐 수 있다.

'가달'(위대하다), '크다'(가돌, גָּדוֹל), '작다'(카톤, קָטֹן)라는 표현이 나타나는데, 이것은 (מִקָּטֹן וְעַד־גָּדוֹל) 위에서 언급한 것 같이 단순히 나이를 의미할 수도 있지만, 신체, 나이, 지위등을 다 고려한 것으로 보인다. 나이는 '자칸'(늙은)에서 이미 언급한 것처럼, '늙은이'(자켄, זָקֵן), '젊은이'(바후르, בָּחוּר), (욜 2:28), '소년'(나아르, נַעַר)(참 렘 1:7), '소녀'(나아라, נַעֲרָה)등도 있고, '큰 자'(높은 자), '작은 자'(지위가 낮은 자)를 의미할 수 있다. 그 외에도, '많다'(라바, רַב), '없다'(에페스, אפס)가 대조되고, '멀다'(라호크, רָחוֹק)와 '가깝다'(카라브, קָרֵב)등이 대조가 된다.

6485

פָּקַד

발음: 파카드 **빈도수: 255회**

방문하다, 감독하다, 찾으러 가다, 돌보다.

의미 / 뜻

'파카드'는 '페 코프 달렛'(פקד)이라는 어근에서 시작되었고, 이 어근은 '보다'(look at), '방문하다', '찾다', '보복하다'라는 뜻을 가진다. 히필형으로는 '임명하다'(appoint)라는 뜻을 가진다.

Tip & 합성어

1) 6485 פָּקַד 파카드 - 방문하다.
2) 6486 פְּקֻדָּה 페쿳다 - 방문. (6485의 여성형 수동태 분사)
3) 6487 פִּקָּדוֹן 픽카돈 - 공탁물. (6485에서 유래)
4) 6488 פְּקִדוּת 페키두트 - 관리, 보호. (6485에서 유래)
5) 6489 פְּקוֹד 페코드 - 형벌. (6485에서 유래)
6) 6490 פִּקּוּד 픽쿠드 - 명령, 계명. (6485에서 유래)
7) 6496 פָּקִיד 파키드 - 감독자. (6485에서 유래)

원문바로보기

예레미야 1장 10절

רְאֵה הִפְקַדְתִּיךָ הַיּוֹם הַזֶּה עַל־הַגּוֹיִם
וְעַל־הַמַּמְלָכוֹת לִנְתוֹשׁ וְלִנְתוֹץ וּלְהַאֲבִיד וְלַהֲרוֹס
לִבְנוֹת וְלִנְטוֹעַ׃

"보라 내가 오늘 너를 여러 나라와 여러 왕국 위에 세워 네가 그것들을 뽑고 파괴하며 파멸하고 넘어뜨리며 건설하고 심게 하였느니라 하시니라" (개정)

여기서 '세운다'것은 (쿰, set up) 이라는 의미가 아니라, '임명한다, 위임한다'(appoint)라는 개념이다. 따라서 너를 '임명하여'(위임하여) 정도로 해석하는 것이 좋다. '파카드'의 히필형으로 어간이 사용되었기 때문이다.

성경의 용례

앞에서 살펴본 대로 같은 동사라 하더라도, 어간에 따라서 의미가 달라진다. 따라서 동사형태를 파악하는 문법적인 노력을 하는 것이다. 그래서 이 단어가 일반적인 형태, 칼형(단순 능동) '신중히 조사하다, 살피다'(qal to make a careful inspection: to look at, see to something)에서 '방문하다, 심판하다'(습 1:8)라는 의미까지 가지고 있다. "또 하나님이 심판하실 것이다"(וּפָקַדְתִּי)(습 1:8)라는 개념도 들어 있다. 가장 획기적인 것은 바로 히필형(사역능동)으로는 뜻이 사용된 예레미야 1:10에서 '내가 너를 임명했다' 즉 '위임하다'(hif. to appoint, install as superior)라는 개념으로 해석된다.

한 가지 더 설명하면, '히퍼카더티/하'(הִפְקַדְתִּיךָ)로 되어 있는데, 마지막에 '하'(ךָ)는 '목적 접미어'(너) 즉 '내가 임명했다/너를'이라는 의미이다. 히브리어는 이같이 접미어가 동사에도 붙고, 명사에도 붙어서 접미어 즉 꼬리를 잘 살펴야 한다. 이렇게 보면 히브리어를 훨씬 쉽게 이해할 수 있다. 히브리어는 완벽한 주어 동사뒤에 목적어 까지 붙을 수 있다. 한가지 예를 더 보면, 출애굽기 20:2에서도 비슷하게 '이끌어냈다/너를'(הוֹצֵאתִיךָ)이 붙어 있다.

6822 צָפָה	발음: **차파** 빈도수: 33회 보다, 둘러보다, 정탐하다, 감시하다, 관찰하다. 지켜보다.
8108 שֹׁמֵר	발음: **쇼메르** 파수꾼, 보초 (8108과 같은 의미)

의미 / 뜻

'차데 페 헤'(צפה)는 동사형으로 '지켜보다'(צפה)는 의미이다. 또한 분사형 능동형, '초페'는 분사형 능동 명사로, '파수꾼'이라는 의미이다. 이 단어와 유사한 단어가 있는데, '쇼메르'(שֹׁמֵר)이다. 이 어근은 '샤마르'(지키다)에서 나온 분사형 능동 명사이다. 주로 명사가 될 때는 이렇게 능동 분사로 명사를 만드는데, 주로 발음은 '오에'가 된다. '초페'(파수꾼), '쇼메르'(보초) 같이 명사형이 되는 것이다.

Tip & 합성어

1) 6822 צָפָה 차파 - 바라보고, 응시하다.
2) צֹפֶה 초페 - 파수꾼 (6822의 분사형 능동 명사)
3) 4707 מִצְפֶּה 미츠페 - 전망대. (6822에서 유래)
4) 4708 מִצְפֶּה 미츠페 - 미스바. (6822에서 유래)
5) 4709 מִצְפָּה 미츠파 - 미스바, 여성형. (4708의 여성형)
6) 8108 שָׁמְרָה 쇼므라 - 보초, 파수꾼. (8104에서 유래)

원문바로보기

삿 1:24

וַיִּרְאוּ הַשֹּׁמְרִים אִישׁ יוֹצֵא מִן־הָעִיר
וַיֹּאמְרוּ לוֹ הַרְאֵנוּ נָא אֶת־מְבוֹא הָעִיר וְעָשִׂינוּ עִמְּךָ חָסֶד׃

"**정탐꾼들이** 그 성읍에서 한 사람이 나오는 것을 보고 그에게 이르되 청하노니 이 성읍의 입구를 우리에게 보이라 그리하면 우리가 네게 선대하리라 하매"(개정)

개정에서 '정탐꾼'(메라걸림, 수 2:1)이라는 단어는 '라갈'(go on foot 발로 걷다)라는 동사형의 분사형으로 '머라걸림'(spies, 정탐꾼)이라는 뜻이다. 그러나 개정은 이 단어와 구분을 하지 못한 번역을 한 것이다. 여기서는 '보초'라고 번역하는 것이 좋다.

성경의 용례

비슷한 유사어인 '쇼메르'라는 단어를 보면 뜻 역시 같은 '초페'와 유사하다. '보초, 호위병, 파수꾼'(watchmen, guards) 정도로 해석할 수 있다. 그러나 개정역은 이러한 단어에 대한 해석이 통일되어 있지 않다. 즉 '성을 지키는 자'(쇼머라 guard, watch)(시 141:3)에서도 '파수꾼'으로 해석하기도 하는데, 의미를 혼용하여 해석하고 있다. 그러나 주로 '파수꾼'은 '초페'(צֹפֶה)로 사용되어 번역되었다(겔 3:17; 33:7; 호 9:8). 성을 지키는 자는 주로 '쇼메르'(שֹׁמֵר)라고 하는데, 뜻은 '지키는 자', '보초, 순찰자'(הַשֹּׁמְרִים)라는 의미로 (하쇼머림, watchmen)으로 사용되었다(참조 아가 5:7).

문제는 개정역의 번역은 일관성이 없는 것이 가장 문제가 된다. 예를 들어 보자. '쇼머림'(지키는 자, 순찰자, 보초, 파수꾼)이라는 단어를 같은 문장에서도 다르게 번역하고 있다(왕상 14:27; 대하 12:10). 문장도 같은데, '시위대'(왕상 14:27), '경호 책임자들'(대하 12:10)로 번역할 필요는 없다. 심지어는 같은 구절에서도 같은 단어를 굳이 다르게 번역할 필요가 없다. 아가서 5:7에는 같은 단어가 '순찰하는 자', '파수하는 자'로 다르게 번역하고 있는데, '파수꾼'(watchmen, ESV) 혹은 '지키는 사람들'으로 통일할 수 있다. 큰 틀에서는 '파수꾼'(삿 7:19, 개정), '성문지기'(느 11:19) 등으로 해석 할 수 있으나, 위에서 지적한 바와 같이, '정탐꾼'(삿 1:24)으로 번역하는 것은 단어를 잘못 해석한 것이라고 볼 수 있다.

1984

הָלַל

발음: 할랄 **빈도수: 163회**

찬양하다, 빛나다, 명백해지다, 밝아지다.

의미 / 뜻

'할랄'(הָלַל)이라는 뜻은 '찬양하다'(praise)라는 의미이다. 명사는 8416 '테힐라'(תְּהִלָּה)(찬양)는 '시편'의 제목으로 '테힐림'이라고 부르는데, 이것은 '찬양'이라는 뜻이다. 동사는 '할랄', 명령형으로 '할렐루야'로 나오는 시편에서 사용된 단어이다. '할렐루야'(הַלְלוּ יָהּ)에서 주로 사용된 단어이다. 그런데 발음은, '라메드' 같은 경우에 'ㄹ'이 발음상 두 번 들어간다. 그래서 '할렐루야'(Hallelujah. JPS)라고 발음하고, 음역도, '할럴(렐)루 야'로 한다.

'라멧'의 발음을 잘못해서 교수들도 '올람'(עוֹלָם)을 '오람'이라고 발음하는 경우도 보는데, 이것은 '라메드'와 영어 '엘'(L)에 대한 발음을 오해하였기 때문이라고 할 수 있다. '할렐루'의 발음같이, '할럴(렐) 루'라고 발음하여야 한다.

Tip & 유사어

'할랄'과 유사어들은 아래와 같이 나타난다. 이것은 직접 분류하여 의미를 구분하여 해석해 본 것이다. 개정은 이렇게 구분하여 해석하지는 않았다.

1. 1984 '할랄'(הָלַל to praise) – '찬양하다'

2. 2167 '자마르'(זָמַר to sing, sing praise) – '찬송하다'

3. 7891 '쉬르'(שִׁיר to sing) – '노래하다'

4. 7623 '샤바흐'(שָׁבַח to laud) – '찬미하다'

5. 1288 '바룩'(בָּרַךְ to bless) – '송축하다'

6. 7442 '라난'(רָנַן to call loudly; to rejoice) – (큰소리로) '노래하다'

7. 6030 '아나'(עָנָה ' to answer, shout) – (답하여) '노래하다'

8. 3034 '야다'(יָדָה to give thanks, praise) – (감사하여) '노래하다'

9. 1523 '길'(גִּיל to rejoice, exult)(기쁘게) '노래하다'

10. 7321 '루아'(רוּעַ to shout, raise a sound) – (소리쳐) '노래하다'

11. 6476 '파차흐'(פָּצַח : to be cheerful, happy) – (행복하게) '노래하다'(시 98:4)

원문바로보기

시편 제 144:1 편

לְדָוִד בָּרוּךְ יְהוָה צוּרִי
הַמְלַמֵּד יָדַי לַקְרָב אֶצְבְּעוֹתַי לַמִּלְחָמָה׃

위의 예와 같이

"나의 반석이신 여호와를 찬송하리로다 그가 내 손을 가르쳐 싸우게 하시며 손가락을 가르쳐 전쟁하게 하시는도다 " (개정)

개정은 '찬송하다'라고 번역한 단어는 '바룩'(בָּרַךְ to bless)-'송축하다'라는 의미이다. 실제로 시 134:1-2에서는 '송축하다'라고 번역했다. 그러나 여기서는 '찬송하다'라고 번역하였다. 혼선을 준다. 이유는 '할랄'을 개정은 '찬양하다'(시편 150편 전체)로 해석을 하다가, 시편 135편 2절에서는 '찬송하라'고 또 해석하고 있다. 물론 의미를 해석할 수 있어도 '찬송', '찬양', '송축'등 비슷한 단어가 너무 많으므로 정리할 필요가 있는데, 개정은 그렇지 못하다. 번역을 통해서는 원어 단어를 추정할수 없는 지경에 이르렀다.

성경의 용례

위에서 지적한 바와 같이 단어들의 의미가 겹치는 부분이 있다하더라고 구분해 번역할 필요는 있다. 또한 '찬양하다'라는 단어의 발음으로 정반대의 뜻을 가질 수 있다. 즉 1984-'할랄'(찬양하다)(הָלַל)과 2490-'할랄'(חָלַל to profane, defile, 2490)이 그것이다. 이 의미 차이는 거의 반대의 의미이다. '헤'와 '헤트'는 첫 음은 거의 차이가 없다. 영역본은 Hallelujah! 라고 발음하는데, 이것은 70인역으로 번역되면서 헬라어 음역 때문인 것으로 보인다(ἀλληλουϊά,). 그래서 때로는 '할렐루야'를 카톨릭에서는 '알렐루야'고 하는 이유가 여기에 있다. 그러나 사실 같은 단어이다.

2895 טוֹב	발음: **토브** 빈도수: 28회 좋다, 선하다, 훌륭하다, 아름답다.
3190 יָטַב	발음: **야타브** 빈도수: 101회 좋다, 훌륭하다, 아름답다, 즐겁다.

의미 / 뜻

어근 '요드 토브 베트'(יטב)는 동사 '야타브'로 사용되고, 형용사나 명사는 '토브'(טוב) '베트'에 중간에 '바브'가 들어간다. 이 어근은 '좋다'라는 개념으로 시작한다. 명사형에서는 '복지, 안녕, 행복'등의 개념으로 사용된다.

Tip & 합성어

1) 2895 טוֹב 토브-선하다. 좋다.
2) 2896 טוֹב 토브-좋은, 아름다운. (2895에서 유래)
3) 2897 טוֹב 토브-선한. (2895에서 유래)
4) 2898 טוּב 투브-선, 아름다움. (2895에서 유래)
5) 2899 טוֹב אֲדֹנִיָּהוּ 토브 아도니야후- 아도니야의 기쁨. (2896과 138에서 유래)
6) 2900 טוֹבִיָּה 토비야-여호와의 선하심. (2896과 3050에서 유래)

7) 3190 יָטַב 야타브 - 좋게 하다.
8) 3191 יְטַב 예타브 - 아람어. 선하게 보이다. (3190과 일치)
9) 3192 יָטְבָה 요트바 - 즐거움. (3190에서 유래)

원문바로보기

전도서 6:6

וְאִלּוּ חָיָה אֶלֶף שָׁנִים פַּעֲמַיִם
וְטוֹבָה לֹא רָאָה
הֲלֹא אֶל־מָקוֹם אֶחָד הַכֹּל הוֹלֵךְ׃

"그가 비록 천 년의 갑절을 산다 할지라도 행복을 보지 못하면 마침내 다 한 곳으로 돌아가는 것뿐이 아니냐?" (개정)

"그리고 만일 그가 천년을 두 번 산다 하더라도, 그리고 그가 행복(=좋은 것)을 누리지 못한다면, 모든 사람이 한 곳으로 가는 것이 아닌가?" (이학재 역)

개정 번역에서 "행복을 보다"(טוֹבָה רָאָה)(좋은 것을 보다)라는 뜻을 의역해서 해석한 것이다. 물론 이 것도 좋지만, '행복을 누리다'라고 의역하고, 또한 숙어적으로 사용하는 것도 좋다. '톱'은 '안녕, 복지, 좋은 것, 행복'이라는 의미로 해석될 수 있는 것이다.

성경의 용례

성경과 고고학 논문(전도서 번역 제안, 79호 2013; 40-70)에서도 제안한 바가 있듯이 '톱 라아'(좋은 것을 보다)라는 표현은 개정은 일관성을 가지고 번역하지 않을 것을 보여준다. 전도서에서 개정은 '낙을 누리다'(톱 라아)(2:1; 3:13)고 해석하다가, '낙을 보다'(5:18), '행복을 보다'(6:6)라고 다르게 해석한다. 그러나 일관성 있게 '행복을 누리다(보다)' 정도로 해석하는 것이 좋을 것으로 보인다.

즉 인간이 추구하는 가장 지고선(sumum bonum)을 '톱'(즉 '선')이라고 할 수 있다. 인간이 추구하는 모든 '행복'은 다르다. 일반 학문에서도 주로 '행복'에 대해서 아리스토텔레스가 언급하고 있다. 번역할 때 헬라어를 모르는 번역가 들이 아리스토텔레스를 번역하면서 주로 '에우다이모니아(Eudaimonia)'라고 잘못 발음하는데(책 3권에서 발견함), 이것은 '유다모니아'라고 발음해야 한다. 이것은 '다이몬'(daimon) '신적인 것이 잘 맞춰진 상태'라고 해석한다. 이같이 세상의 가장 좋은 것, '행복'은 신적인 것이 잘맞춰진 상태, 마음, 내면이라면, 성경의 '행복'은 창세기 1장에서 말씀하는 창조의 원리대로 회복된 인간이라고 할 수 있다. 진정한 '행복을 누리는 것'(라아 톱)은 바로 하나님이 천지를 창조하신 후에 '보시기에 좋았다'(라아 톱)라는 두 단어의 사용이 같다는 것이 놀랍다. 창조의 원리를 회복하는 것이라는 결론이 유추된다(**וַיַּרְא אֱלֹהִים כִּי־טוֹב**)(하나님이 보시니, 좋았더라)(창 1:25).

5162
נָחַם

발음: 나함 **빈도수: 107회**

후회하다, 돌이키다, 슬퍼하다, 애도하다.

의미 / 뜻

'눈 헤트 멤'(נחם)이라는 어근은 동사형에서는 '후회하다'(נָחַם to be sorry) '슬퍼하다, 유감스러워하다'(be sorry, come to regret something) 하는 개념을 가지다. 명사형으로 '나함', 혹은 '네하마'등으로 사용되고, '네헴야'(느헤미야)라는 이름으로도 사용된다.

Tip & 합성어

1) 5162 נָחַם 나함 - 위로하다. 후회하다.
2) 5163 נַחַם 나함 - 위로. (5162에서 유래)
3) 5164 נֹחַם 노함 - 뉘우침, 후회. (5162에서 유래)
4) 5165 נֶחָמָה 네하마 - 위로, 위안. (5162에서 유래)
5) 5166 נְחֶמְיָה 네헴야 - 느헤미야, 여호와의 위로.
(5162와 3050에서 유래)
6) 5167 נַחֲמָנִי 나하마니 - 위로하는. (5162에서 유래)

원문바로보기

욘 4:2; 하반절

כִּי אַתָּה אֵל־חַנּוּן וְרַחוּם אֶרֶךְ אַפַּיִם
וְרַב־חֶסֶד וְנִחָם עַל־הָרָעָה׃

"...주께서는 은혜로우시며 자비로우시며 노하기를 더디하시며 인애가 크시사 **뜻을 돌이켜 재앙을 내리지 아니하시는** 하나님이신 줄" (내가 알았나이다). (개정)

"이는 주(=당신)께서는 은혜로우시고, 긍휼히 여기시며, 노하기를 더디하시고, 인애가 많으시며, **재앙에서 돌이키시는 것**" (이학재 역)

개정역은 '또 재앙에서 돌이키신다'(וְנִחָם עַל־הָרָעָה) 정도를 너무 많이 넣어서 해석하고 있다. '**뜻을 돌이켜 재앙을 내리지 아니하시는**'으로 해석하는데, 간단하게 '**재앙에서 돌이키시는 것**' 정도로 해석하는 것이 낫다. 개정의 번역은 없는 단어들을 넣어서 번역한 경우들이 너무 많이 보인다.

성경의 용례

욥은 '후회'를 하였느냐? 아니면 '회개'를 하였는가? 이것을 알기 위해서 욥기 42:6의 본문을 살펴보자.

עַל־כֵּן אֶמְאַס וְנִחַמְתִּי עַל־עָפָר וָאֵפֶר׃

"그러므로 내가 스스로 거두어들이고 티끌과 재 가운데에서 **회개하나이다**" (개정)

이 단어에 대한 정확한 개념을 알면, 그 답을 알 수 있다. '니함'이라는 단어는 '후회하다'(נָחַם to be sorry), '슬퍼하다'(regret: to be sorry, to console oneself)라는 개념을 가지고 있다. 그러나 이 개념은 '회개하다'(repent)라는 개념도 있다고 사전은 정의한다. 따라서 개정의 번역에서 '회개하다'는 적절하다고 볼 수있다. 어떤 사람들은 욥이 회개하지 않고, 후회만 했다고 주장한다. 그러나 그 개념은 해석과 연결되기 때문에 회개하였다고 보아야 한다(HALOT 688).

6942 קָדַשׁ	**발음: 카다쉬** 빈도수: 171회 거룩하게 하다, 신성하다, 깨끗하다, 구별하다.

구별하다 동사에 대한 여러 가지 태가 있는데 여기에서 이해할 수 있다.

의미 / 뜻

어근 '코프 달렛 쉰'(קדשׁ)는 동사형, '카다쉬', 형용사 '카도쉬'(קָדוֹשׁ) 명사형, '코데쉬'(קֹדֶשׁ)등으로 다양하게 사용되고 '거룩'이라는 개념과 연결된다.

Tip & 합성어

1) 6942 קָדַשׁ 카다쉬 – 거룩하다, 성결하게 하다.
2) 6943 קֶדֶשׁ 케데쉬 – 거룩한 곳. (6942에서 유래)
3) 6944 קֹדֶשׁ 코데쉬 – 거룩한 장소. (6942에서 유래)
4) 6945 קָדֵשׁ 카데쉬 – 남자 창기. (6942에서 유래)
5) 6946 קָדֵשׁ 카데쉬 – 거룩한 곳, 가데스. (6945와 동일)
6) 6947 קָדֵשׁ בַּרְנֵעַ 카데쉬 바르네아 – 가데스 바네아(사전참조)
7) 6948 קְדֵשָׁה 케데샤 – 매춘 창기. (6945의 여성형)

원문바로보기

창 2:3

וַיְבָרֶךְ אֱלֹהִים אֶת־יוֹם הַשְּׁבִיעִי וַיְקַדֵּשׁ אֹתוֹ

"하나님이 그 일곱째 날을 복되게 하사 **거룩하게 하셨으니…**" (개정)

"하나님이 그 일곱째 날을 복주시고, 그것을 **성별하셨으니…**"(이학재 역)

여기서 문제는 단순하게 '거룩하다'(칼형)라고 해석하기 보다는 '강세 능동'(피엘형)으로 사용된 의미로 '거룩하게 하다', '거룩하다고 선포하다', '성별하다'(transfer something to the state of holiness also with declarative meaning: to declare holy)(HALOT 234)정도로 해석하는 것이 좋다.

성경의 용례

레위기 19:2

קְדֹשִׁים תִּהְיוּ כִּי קָדוֹשׁ אֲנִי יְהוָה אֱלֹהֵיכֶם׃

"…너희는 거룩하라 이는 나 여호와 너희 하나님 거룩함이니라" (개정)

이 구절을 묵상해보면 어떻게 인간이 ‘거룩해 질 수 있을까?’라는 답을 가질 수 있다. 성경에 중요한 주제가 거룩이다. 원문에서 ‘거룩하다’(카도쉬)는 형용사이다. 그리고 ‘하야’(-이다)(היה)와 같이 사용되었다. “You shall be holy, for I the LORD your God am holy, ESV”. 즉 거룩은 하나님의 거룩하심(כִּי קָדוֹשׁ אֲנִי יְהוָה אֱלֹהֵיכֶם)(for I the LORD your God am holy)과 인간의 거룩(קְדֹשִׁים תִּהְיוּ)(You shall be holy)이 연결되어 있고 전제되어 있다는 것을 본문은 보여준다. 그리고 하나님은 ‘내가 거룩하다’고 동사형으로 표현되어 있지 않고, 또한 인간의 거룩함 역시 ‘동사’로 ‘거룩하다’는 것으로 요구하시지 않는다. 하나님의 거룩하심과 연관되면, 인간의 거룩함도 있게 된다고 보여주시는 것이다. 이같이 원문의 형식과 강조 형태를 보면, 말씀에 대한 답을 찾을 수 있는데, 원문을 자세히 보기의 중요성을 보여준다고 하겠다. 성경을 묵상하는 것 방법에서 가장 중요한 것은 원문을 보고 바르게 묵상하는 것이 첫 번째 단계가 되는 것이 분명하다.

7999
שָׁלַם

발음: 샬람 **빈도수: 107회**

완성하다. 평화롭다, 온전하다, 안전하다.

의미 / 뜻

'쉰 라메드 멤'(שלם)라는 어근은 '완성하다, 준비되다, 끝내다, 건강하다, 화평하다, 보상하다, 마치다'(to complete, ready: to come to an end; to remain healthy, unharmed: to keep peace: to recompense, reward; to finish)라는 의미를 가지고 있다. '샬렘'(완성하다, 건간하다), '샬롬'(שָׁלוֹם)은 '완성, 건강, 복지, 평화', '셀렘'(화목제), '샬람'(화목의 언약), '샬렘'(완전한, 안전한, 화평한)의 어근으로 다양하게 사용디었다.

Tip & 합성어

1) 7999 שָׁלַם 샬람 - 완성하다.
2) 8000 שְׁלַם 셸람 - 아람어, 완성하다. (7999와 일치)
3) 8001 שְׁלָם 셸람 - 아람어 평화, 번창함. (7965와 일치)
4) 8002 שֶׁלֶם 셸렘 - 보답, 감상. (7999에서 유래)
5) 8003 שָׁלֵם 샬렘 - 완전한. (7999에서 유래)
6) 8004 שָׁלֵם 샬렘 - 평화로운. (8003 참조)
7) 8005 שִׁלֵּם 쉴렘 - 보당, 보상. (7999에서 유래)
8) 8010 שְׁלֹמֹה 셸로모 - 평화로운. (7965에서 유래)
9) 8013 שְׁלֹמוֹת 셸로모트 - 화평. (7965의 여성 복수형)

원문바로보기

레위기 3:1

וְאִם־זֶבַח שְׁלָמִים קָרְבָּנוֹ

"사람이 만일 회목제의 제물을 예물을 드리되"(개정)

개정은 '화목제'로 '셸렘, 셸라밈'으로 번역하고 있다. 이것은 문제가 없다. 그러나 다른 제사들도 좀 더 이해하기 쉽게 번역하면 좋을 것으로 보인다. 화목제(셸렘 שֶׁלֶם)(셸라밈 שְׁלָמִים).

'번제'(올라)는 '태움제'로, '소제'(민하)는 '곡식제'로, '속건제'(아샴)는 '배상제'로, '속죄제'(하타트)를 3글자로 다 통일되게 이해하기 쉽게 번역하는 것이 좋을 것으로 제안한다.

성경의 용례

시편 122:6

שַׁאֲלוּ שְׁלוֹם יְרוּשָׁלָ͏ִם יִשְׁלָיוּ אֹהֲבָיִךְ

"예루살렘을 위하여 평안을 구하라 예루살렘을 사랑하는 자는 형통하리로다" (개정)

"**샤알루 셸롬 예루살라임** 이쉬라이유 오하바이허"

이러한 것을 '파로노마시아'(Paronomasis; rhyming words) '음운율' 이라고 할 수 있다(참조 EW Bullinger 307). '샬롬'(שָׁלוֹם)(prosperity, success: welfare; intactness: welfare, state of health: prospers, peace in a)(deliverance, salvation: aa). 이런 것들은 성경에 많이 나타난다 (차모 렘 1:11-12 '샤케드'(아몬드), '쇼케드'(지켜본다); 암 8:1-2 '카이츠'(여름실과), '하케츠'(마지막, 끝) 등에서도 나타난다.

원문에서는 '음운율'뿐만 아니라, '알파벳'으로 운율을 맞추어서 시를 적는데, 이런 부분은 전혀 고려되지 않고 번역되는 것이 안타깝다.

4941 מִשְׁפָּט	**발음: 미쉬파트** 빈도수: 424회 판단, 판결, 합법적인 것.
6664 צֶדֶק	**발음: 체테크** 빈도수: 119회 공의, 똑바름, 정의, 의로움.

의미 / 뜻

'쉰 페 테트'(שפט)의 어근은 '심판하다', '통치하다', '의를 행하다'라는 뜻을 가지고 있다. 명사형은 '미쉬파트', 동사는 '샤파트', 형용사는 '쇼페트'는 분사형 혹은 명사로 사용된다(심판자, 심판하는). 또한 명사를 만들때는 '타브', 혹은 '멤'이 앞에 붙어서 명사형을 만드는데, 어근에서 '멤'이 붙는 경우가 '미쉬파트'이다.

Tip & 합성어

1) 8199 שָׁפַט 샤파트 - 심판하다, 벌주다.
2) 8200 שְׁפַט 셰파트 - 아람어, 재판하다. (8199와 동일)
3) 8202 שָׁפָט 샤파트 - 재판관. (8199에서 유래)
4) 8203 שְׁפַטְיָה 셰파트야 - 여호와께서 심판하셨다.
(8199와 3050에서 유래)
5) 8204 שִׁפְטָן 쉬프탄 - 재판관 같은. (8199에서 유래)

6) 4941 מִשְׁפָּט 미쉬파트-법, 심판. (8199에서 유래)

원문바로보기

사사기 11:27

ישפט יְהוָה הַשֹּׁפֵט הַיּוֹם בֵּין בְּנֵי יִשְׂרָאֵל וּבֵין בְּנֵי עַמּוֹן׃

"...원하건대 **심판하시는 여호와께서** 오늘 이스라엘 자손과 암몬 자손 사이에 판결하시옵소서 하였으나"(개정)

"원하건데, **사사이신(심판자이신) 여호와께서**, ...) (이학재 역)

'샤파트'(심판하다)의 분사형에 정관사까지 붙어있다. 영역본도 거의 같은 의미로 해석하고 있다(the LORD, the Judge, decide this day between the people of Israel and the people of Ammon, ESV). 분사는 동사형, '심판하시는(개정)'이라고 번역할 수 있지만, 본문에서는 정관사까지 붙어서 동격, 여호와를 말씀하시고, 또한 그 분이 '쇼페팀'(사사기)의 주제어를 강조하고 있음을 읽어야 한다. 따라서 번역은 고쳐져야 한다.

성경의 용례

암 5:24

וְיִגַּל כַּמַּיִם מִשְׁפָּט וּצְדָקָה כְּנַחַל אֵיתָן׃

'공의(justice)를 물같이 정의(righteousness)를 하수같이' 즉 '공의'와 '정의'는 무엇인가?

공평과 정의에 대해서 우리는 여러 가지 단어들을 사용하고 있다. 개정은 혼용하고, 또한 개역에서는 '미쉬파트'(מִשְׁפָּט)를 '공법'으로, 개정은 '정의'(justice)라고 번역하기도 한다. '체다카'는 개역은 '정의'로 개정은 '공의'라고 바꾸어서 해석한다. 그런데 사실 한글 개념으로는 번역이 혼용되고, 의미도 정확하지 않다. 영어 개념으로 개정을 다시 바꾸어 번역한 것으로 보인다.

사전적인 개념에서 '미쉬파트'(מִשְׁפָּט)는 '판결, 재판, 논쟁, 소송, 법적인 고소, 측정, 법'(decision, judgement, dispute, case, legal claim, measure, law)이라는 단어들로 HALOT에서 규정되어 있다. 즉 원래 개념은 건물의 측정처럼 어떤 것에 대한 '치수', '척도'라는 개념에서 시작된 것으로 볼 수 있다. 즉 하나님의 기준 '잣대', '법'을 기준으로 판단하고 그 법에 호소하는 모든 것들, 그리고 그러한 결정들을 의미하는 것으로 볼 수 있다(법, 판결, 재판, 논쟁, 소송 등). 즉 이것은 기준이고 잣대이다. 이것을 통해서 우리는 모든 것을 판정해야 한다.

'체다카'는 공동체에 '신실성, 정직성, 의, 공동체적 충성'(loyalty to the community, honesty, justice, community loyalty, deeds of justice)이라는 개념을 가지고 있다. 이것은 공동체적인 '충절'이나, '정직', '의로움', '의로운 행동'이라고 정의한다.(HALOT). 이것은 예를 들어 한국인으로서 해야 할 어떤 공동체적인 의로움은 한국인의 '의'이며, 하나님의 백성, 즉 하나님의 사람으로서 해야 할 일은 하나님의 백성의 '의'이며, 친구나 사람들의 공동체에서 기본적으로 해야 할 것을 '체다카'라고 할 수 있다. 유대인들은 주말에 그들이 도울 수 있는 것은 나누는데, 이 선행을 자신들이 '선행'(체다카)로 부르는 것이다. 따라서

'미쉬파트'와 '체다카'를 개념을 섞어 바꾸어 부를 정도로 의미가 다양하다고 볼 수 있다. 그러나 큰 틀에서 개념을 이해하면, 하나님이 요구하시고 선지서에서 요구하는 '공평과 의', '정의와 인간의 선행', '정의와 공의'의 함께 나타나는 개념으로 비교되어 나타난다. 하나님은 바로 이 '미쉬파트'와 '체다카를 행하기를 원하신다.

8085

שָׁמַע

발음: 샤마(쉐마) **빈도수: 1159회**

듣다, 순종하다, 주의하다, 이해하다.

의미 / 뜻

어근 '쉰 멤 아인'(שׁמע)은 동사로 '샤마'(שָׁמַע), 명사, '셰마'(שֵׁמַע)는 '소리, 멜로디'라는 의미이며, 분사형, 능동 수동형 등으로 '소문, 소식'과 관련된다. 또한 '듣다'는 말은 '순종하다'라는 의미로도 해석할 수 있다.

Tip & 합성어

1) 8085 שָׁמַע 샤마 - 듣다.
2) 8086 שְׁמַע 셰마 - 아람어 듣다. (8085와 동일)
3) 8088 שֵׁמַע 셰마 - 들은 것, 소문. (8085에서 유래)
4) 8089 שֹׁמַע 쇼마 - 풍문, 명성. (8085에서 유래)
5) 8091 שָׁמָע 샤마 - 순종하는. (8085에서 유래)
6) 8095 שִׁמְעוֹן 쉼온 - 들음, 시므온. (8085에서 유래)
7) 8096 שִׁמְעִי 쉼이 - 유명한. (8088에서 유래)
8) 8098 שְׁמַעְיָה 셰마야 - 여호와께서 들으셨다.
(8085와 3050에서 유래)
9) 8050 שְׁמוּאֵל 셰무엘 - 하나님이 들으심.
(8085의 수동태 분사와 410에서 유래)
10) 8051 שַׁמּוּעַ 샴무아 - 명성이 난. (8074에서 유래)

11) 8052 שְׁמוּעָה 셰무아 - 소문, 발표. (8074의 수동태 분사 여성형)

원문바로보기

아모스 8:11

כִּי אִם־לִשְׁמֹעַ אֵת דִּבְרֵי יְהוָה׃

"...여호와의 말씀을 듣지 못한 기갈이라."(개정)

"이는 여호와의 말씀을 들음에 대한 것이라"(이학재)

아모스에서 '셰모아'(들음)이라고 해석할 수 있는데 개정은 '못한'을 넣어서 전제하고 있으나 영역본도 그렇게 번역하지 않았다(but of hearing the words of the LORD, JPS).

성경의 용례

'샤마'라는 단어와 사용된 가장 유명한 본문은 '셰마' 라고 할 수 있다. '쉐마'(들으라)는 명령형이다.

신 6:4-5

4 שְׁמַע יִשְׂרָאֵל יְהוָה אֱלֹהֵינוּ יְהוָה אֶחָד

5 וְאָהַבְתָּ אֵת יְהוָה אֱלֹהֶיךָ
בְּכָל־לְבָבְךָ וּבְכָל־נַפְשְׁךָ וּבְכָל־מְאֹדֶךָ׃

'셰마'는 유대인들을 교육하기 위해서 가장 유명한 구절이다. 음역으로 한번 외워보는 것도 중요하다고 볼 수 있다. 한번 읽고 외워보도록 해보자.

4절; '셰마'(들으라, שְׁמַע) '이스라엘'(이스라엘아, יִשְׂרָאֵל) '아도나이'(여호와, יְהוָה), '엘로헤누'(우리 하나님이시오, אֱלֹהֵינוּ), '아도나이'(여호와, יְהוָה), '에하드'(한분이시니, אֶחָד). 5절; '버 아하버타'(그리고 너는 사랑하라, וְאָהַבְתָּ) '에트'(–를, אֵת), '아도나이'(여호와, יְהוָה), '엘로헤하'(너의 하나님이시니, אֱלֹהֶיךָ). '버콜 레바브하'(네 마음을 다하고, בְּכָל־לְבָבְךָ), '우버콜 나프세하'(그리고, 네 생명을 다하고, וּבְכָל־נַפְשְׁךָ), '우버콜 머오데하'(그리고 네 힘을 다하라, וּבְכָל־מְאֹדֶךָ).

'셰마'

3467 יָשַׁע	발음: 야사 빈도수: 205회 구원하다, 해방하다, 풍부하다, 구제하다.

의미 / 뜻

'요드 쉰 아인'(ישע)의 어근을 가지고, 주로 '야사'(ישע)라는 의미로 사용되는데, '구원하다'라는 뜻이다. 명사형, '예슈아'(יְשׁוּעָה)라는 단어로 사용되는데, '구원, 구출, 행복, 복지, 승리'(salvation, deliverance, welfare, prosperity, victory)라는 뜻을 가진다. 따라서 '구원'이라는 의미로 해석하지만, 사실 '승리'라고 사용되는 경우가 있다.

Tip & 합성어

1) 3467 יָשַׁע 야샤 - 구원하다. 승리하다.
2) 3468 יֶשַׁע 예샤 -자유, 해방. (3467에서 유래)
3) 3469 יִשְׁעִי 이슈이 - 구원하는. (3467에서 유래)
4) 3470 יְשַׁעְיָה 예샤야후 - 여호와께서 구원하셨다. (3467과 3050에서 유래)
5) 3442 יֵשׁוּעַ 예슈아 - 그가 구원하실 것이다. (3091 참조)
6) 3443 יֵשׁוּעַ 예슈아 - 아람어. 그가 구원하신다. (3442와 일치)
7) 3444 יְשׁוּעָה 예슈아 - 구원받는 어떤 것. (3467의 여성 수동태 분사)
8) 8668 תְּשׁוּעָה 테슈아-건짐. (7768에서 유래)

원문바로보기

'테슈아'(תְּשׁוּעָה), '예슈아'(יְשׁוּעָה)는 거의 같은 의미이다. 둘 다 '구원, 승리'라는 의미를 가지고 있다. 개정의 두 곳을 보면, 같은 어근을 '승리', '구원'으로 번역할 수 있다. 한글 번역을 보자.

시 20:5 "우리가 너의 **승리**로 말미암아 개가를 부르며 우리 하나님의 이름으로 우리의 깃발을 세우리니 여호와께서 네 모든 기도를 이루어 주시기를 원하노라"

시 144:10 "주는 왕들에게 **구원**을 베푸시는 자시오" 라고 해석한다. 그러나 영역본에서는 버전에 따라 다르지만, 정반대로 해석하고 있다(ESV Psalm 20:5 May we shout for joy over your **salvation**, ; 144:10 who gives **victory** to kings). 이렇게 같은 단어가 다르게 해석되는 것은 '승리, 구원'이라는 복합적인 의미를 동시에 가지고 있기 때문이다. 히브리어 단어는 이러한 개념을 이해해야 하는 경우가 많다.

성경의 용례

신약 성경에 나오는 많은 단어들이 구약에 근거를 가지는 경우가 많다. 예를 들어 예수님이 예루살렘에 입성 할 때에 많은 사람들이 '호산나'(ὡσαννά)라고 찬양하였다. 그러나 신약의 헬라어는 구약의 의미를 음역한 것에 불과하다. 구약에서 이 의미는 시편 118편 25절에 '호시아 나'(הוֹשִׁיעָה נָּא)(제발, 구원하소서)라는 의미로 실제로 나타난다. '호시아'는 '야샤'(ישׁע)의 히필형으로 '구원하소서'(הוֹשִׁיעָה)라는 의미이고, '나'(נָּא)는 '제발'이라는 의미이다.

8552	발음: **타맘** 빈도수: 62회
תָּמַם	완수하다, 마치다, 끝나다, 완성되다.

의미 / 뜻

'토브 멤 멤'(תמם)이라는 어근은 '완성하다'라는 의미이다(8552). 동사형으로는 '타맘'(완성하다), 명사형은 '툼밈'(온전, 완전), 형용사는 '타밈'(온전한), 혹은 명사형, '톰'(온전함)이라는 뜻을 가진다. 형용사로는 주로 정직한'(upright, honest)이라는 의미로 사용되었다.

Tip & 합성어

1) 8535 תָּם 탐 - 정직한. (8552에서 유래)
2) 8537 תֹּם 톰 - 온전한. (8552에서 유래)
3) 8538 תֻּמָּה 툼마 - 무죄. (8537의 여성형)
2) 8549 תָּמִים 타밈 - 온전한, 흠없는. (8552에서 유래)
3) 8550 תֻּמִּים 툼밈 - 온전함, 완전. (8537의 복수형)
4) 8552 תָּמַם 타맘 - 온전하게 하다. 마치다.

원문바로보기

욥기 1장 1절

הַהוּא תָּם וְיָשָׁר וִירֵא אֱלֹהִים וְסָר מֵרָע׃

"순전하고 정직하여 하나님을 경외하며 악에서 떠난 자라"(개역)

"온전하고 정직하여 하나님을 경외하며 악에서 떠난 자라"(개정)

"정직하고 올바른 사람이었으며,..." (이학재)

개역은 '탐'을 '정직하다', 개정은 '온전하다'라고 번역하고 있다. 영역본에서는 '정직하고'(honest) 영역본은 거의 '결백한'(blameless)이라고 많이 번역한다. 어떤 영역본은 '죄가 없다'(without sin, BBE)고 번역하나 이것은 지나치다. 그러나 '탐'을 오히려 '정직하다'라고 볼 수 있고, '야사르'(올바르다)라고 해석하는 것이 나을 것이다. 1장 8절에서도 반복된다. 중요한 것은 그가 죄가 없다는 것은 아니라는 사실이다.

성경의 용례

성경은 죄에 대해서 수없이 언급하고 있다. 인간의 죄성은 이미 신약에서도 많은 단어들로 표현하고 있다. 번역하다가 정리하는 것도 15개 이상이 된다. 더 많이 나타나겠지만, 범위와 의미의 한계를 정하는 것도 중요하다.

'아벤'(אָוֶן)(sin, injustice)은 '불의', '죄를 범함'를 의미하고, '아샴'(אָשָׁם)(be guilty) '죄가 있다', 혹은 '유죄하다'라는 의미이며, 또한 '바가드'(בגד)(deal treachery), '사악하게 행하다' 혹은 '배신하다'는 뜻으로 쓰인다. 보통 '죄를 짓다'라고 해석하는 것은 '하타'(חטא)(miss, wrong)라는 단어이다. 하나님에 대하여 '반항하는' 죄를 '마라드'(מרד)(rebel), '반역하다, 반항하다' 라는 단어이며, '신실하게 행하지 않다', '불충, 부정하다'라는 의미는 '마알'(מַעַל)(disloyal, infidelity)이다.

'악'이라는 개념들은 '아벨'(עָוֶל)(perversity, injustice) '부정직, 왜곡'으로 '아벨라'(עַוְלָה)는'악'으로 '아온'(עָוֹן)은 '비행, 잘못, 사악'(misdeed, sin, iniquity)정도로 해석하고, '카샤르'(קשר)는 '작당, 모반'을 '라'(רַע)는 '악하다', '라샤'(רשע) '죄 있다고 선포하다', '페샤'(פֶּשַׁע)는 '범죄', '위법, 불법' 정도로 해석할 수 있고, '짐마'(זִמָּה)는 '불명예' 정로로 '베차'(בֶּצַע)는 '부당이익'으로 볼 수 있다. 따라서 인간의 이러한 죄성에 대한 일관성 있고 구체적인 의미들로 유사하게 해석하는 노력이 필요하다.

215

אוֹר

발음: **오르** 빈도수: **43회**

밝아지다, 비추어지다, 밝게 하다, 빛을 내다.

의미 / 뜻

어근 '알렙, 바브, 레쉬'는 '비추다'(אוֹר), '빛'(אוֹר)이라는 어근에서 시작되었다. 명사형, 동사형 같은 발음으로 나타나는 경우도 있다.

Tip & 합성어

1) 215 אוֹר 오르 - 빛나다.
2) 216 אוֹר 오르 - 조명, 발광체. (215에서 유래)
3) 217 אוּר 우르 - 불꽃. (215에서 유래)
4) 219 אוֹרָה 오라 - 밝음. (216에서 유래)
5) 221 אוּרִי 우리 - 불의, 혹은 내 불. 3명의 이스라엘인의 이름 (217에서 유래)
6) 222 אוּרִיאֵל 우리엘 - 하나님의 불. (217과 410에서 유래)
7) 223 אוּרִיָּה 우리야 - 하나님은 빛이시다. 혹은 하나님의 불꽃. 밧세바의 남편 (217과 3050에서 유래)
8) 224 אוּרִים 우림 - 빛들. 대제사장의 흉배 주머니 속에 두는 돌 (217의 복수)

원문바로보기

'우리아'인가? '우리야'인가?

(개정) '우리아'(삼하 11:7 אוּרִיָּה), '우리야'(이사야 8:2, אוּרִיָּה)

개정역에서 발견되는 문제 중 하나는 같은 단어로 다르게 해석한 경우가 많다. 특히 발음 같은 것은 통일시켜야 한다. 특히 이름 같은 것은 히브리어로 같은 단어는 같은 이름으로 통일 시켜야 하는데, 삼하 밧세바의 죽은 남편은 '우리아'가 아니라, '우리야'로 통일시켜야 할 것이다.

성경의 용례

'하누카'(dedication)(חֲנֻכָּה)가 성탄절인가?

유대인들에게는 성탄절이 있는가? 이것은 '빛의 절기'(하누카)와 연관된다. 역사는 안티오커스 에피파네스가 성전을 더럽힌 사건과 마카비가 그를 대항하여 성전을 회복시킨 것과 연관이 된다.

종종 성탄절이 되면 이스라엘에도 성탄절 행사가 있는 것처럼 보도 된 적이 있는데, 엄격하면 보면 이것은 우리가 지키는 예수님의 탄생이 아니다. 전통 유대인들은 예수님을 받아들이지 않기 때문이다. 그들이 지키는 것이 빛의 절기, 빛으로 장식하는 절기인데, 이것은 '하누카'(dedication)(חֲנֻכָּה) 즉 '봉헌' 혹은 '정결'(consecration)이라는 뜻으로 부정해진 성전을 정결하게 하고 하나님께 다시 드린 봉헌이라는 뜻이다. 역사적으로는 주전 164년 12월 14일로 받아들여진다(이학재, 다니엘 주석, 249쪽).

539 אָמַן

발음: 아만 **빈도수: 100회**

확고해지다, 지속하다, 지탱하다,
신뢰할 만하다.

의미 / 뜻

어근 '알렙 멤 눈' 은 '확실한, 믿을 만한'이라는 어근이다. 동사형으로 '아만'은 '믿다'라는 뜻이다. 명사형 '오멘', '아멘'등 다양한 형태로 사용된다. 특히 수동형 분사형 형태의 '에무나'(530) 같은 경우도 '신실성'으로 사용되었다.

Tip & 합성어

1) 539 אָמַן 아만 - 확실하다. 믿다.
2) 540 אֲמַן 아만 - 아람어. 믿다. (539와 일치)
3) 543 אָמֵן 아멘 - 확실한, 신실한, 참으로. (539에서 유래)
4) 544 אֹמֶן 오멘 - 진실성, 진리. (539에서 유래)
5) 546 אָמְנָה 옴나 - 확실히. (544의 여성형)
6) 550 אמְנוֹן 암논 - 신실한. (539에서 유래)
7) 551 אָמְנָם 옴난 - 진실로. (544에서 유래한 부사)
8) 552 אֻמְנָם 움난 - 참으로, 확실히. (551의 철자법의 어미변화)
9) 529 אֻמְנָם 에문 - 신뢰성, 진실. (539에서 유래)
10) 530 אֱמוּנָה 에무나 - 신실성. (529의 여성형)

원문바로보기

하박국 2:4

וְצַדִּיק בֶּאֱמוּנָתוֹ יִחְיֶה׃

"...의인은 그의 믿음으로 말미암아 살리라" (개정)

"but the upright will live through faithfulness."(NJB)(영역본)

이것은 틀린 문제가 아니다. 성경의 통일성에서 '그의 믿음'(에무나토, אֱמוּנָתוֹ)이 틀렸다기 힘들다. 단지 원래 구약의 단어의 어근의 의미가 더 강조되어 번역될 수 있다는 사실이다. 오히려 '신실함'에 가깝다. 구약과 신약의 강조의 차이가 있을 수 있다는 말이다(롬 1:17; 갈 3:11; 히 10:38).

성경의 용례

구약의 강조와 신약의 말씀과의 통일성과 강조점의 문제

구약과 신약은 통일된 하나님의 말씀이다. 그렇기 때문에 구원과 구속사, 복음의 관점에서 통일되게 보아야 한다. 이것은 '영속성'(Continuity)이라고 부른다. 또한 구약과 신약은 다른 강조들이 나타나는데, 이것은 '불영속성'(Discontinuity)이라고 부른다.

그래서 구약에서 강조되는 것은 다르다. 마찬가지로 구약의 사건을 신약에서 다르게 다른 의미로 강조하기도 한다. 따라서 통일성 안에서 그 강조의 의미를 찾아보는 것이 원문으로 성경을 읽는 유익이

된다. 대표적인 예중의 하나가 하박국 2:4과 로마서 1:17; 갈 3:11; 히 10:38의 같은 말씀에 대한 해석의 문제라고 볼 수 있다.

신약에서 바울은 이 말씀을 믿음으로 적용시켰다(롬 1:7; 갈 3:11). 그러나 히브리서 본문에서는 처음 믿을 때 받는 구원을 말하는 것으로 보기 힘들다. 오히려 히브리서 본문은 그리스도 재림하시며, 또한 그가 오실 때 말씀이 성취될 것이기 때문이 그 말씀을 신실하게 잘 믿음으로 지켜야 한다고 하신다. 즉 "반대와 박해와 시험에 직면해서도 믿는 자는 믿음으로 잘 서야 한다는 것이다." 즉 원래 하박국의 말씀은 처음 믿을 때와 하나님 앞에 서기 전까지 끝까지 '신실함'(의) 믿음과 같이 '신실함'을 강조하고 있는 것은 분명해 보인다. 따라서 여자적으로 '신실함'으로 해석하느냐? 혹은 '믿음'으로 해석해야 하는가? 문제는 논쟁적으로 볼 수 밖에 없다. 오히려 '에무나'(אֱמוּנָה)에 대해서도 HALOT는 '확고부동함, 확실함, 신실함, 정직, 성실, 공적 의무'(steadfastness, trustworthiness, faithfulness, honesty, official duty)라는 개념으로 해석하고 있다. 즉 이 신실함을 가진 믿음을 강조하는 것으로 보이며, '(신실한) 믿음' 혹은 '신실함' 정도로 해석할 수 있다. 따라서 다르게 해석하는 것도 오히려 구약의 더 깊은 의미를 깨달을 수 있고, 통일성 안에서 더 바르게 의미를 포괄적으로 이해할 수 있다고 하겠다.

어근으로 보는 히브리어

초　판 1쇄 발행 2017년 5월 25일
편　저 이 학 재
발행인 김 용 환
발행처 도서출판 로고스

주　소 서울 동대문구 신설동 98-9 3층
전　화 02-922-6872
팩　스 02-926-5406
등　록 1987.12.1 제 5-156호

잘못된 책은 바꿔드립니다.

ISBN 979-11-87405-29-0